“ධම්මෝ හි වාසෙට්ඨා, සෙට්ඨෝ ජනේතස්මිං
දිට්ඨේ චේව ධම්මේ, අභිසම්පරායේ ච.”

වාසෙට්ඨයෙනි, මෙලොවෙහි ත්, පරලොවෙහි ත්
ජනයා අතර ධර්මය ම ශ්‍රේෂ්ඨ වෙයි !

- අග්ගඤ්ඤ සූත්‍රය - භාග්‍යවත් බුදුරජාණන් වහන්සේ

නුවණ වැඩෙන බෝසත් කථා - 28

ජාතක පොත් වහන්සේ

(අරඤ්ඤ වර්ගය)

පූජ්‍ය කිරිබත්ගොඩ ඥාණානන්ද ස්වාමීන් වහන්සේ

© සියලුම හිමිකම් ඇවිරිණි.

ISBN : 978-955-687-147-0

ප්‍රථම මුද්‍රණය	:	ශ්‍රී බු.ව. 2561 ක් වූ දුරුතු මස පුන් පොහෝ දින
සම්පාදනය	:	මහමෙව්නාව භාවනා අසපුව වඩුවාව, යටිගල්ඔළුව, පොල්ගහවෙල. දුර : 037 2244602 info@mahamevnawa.lk | www.mahamevnawa.lk

පරිගණක අකුරු සැකසුම, පිටකවර නිර්මාණය සහ ප්‍රකාශනය :
මහාමේඝ ප්‍රකාශකයෝ
වඩුවාව, යටිගල්ඔළුව, පොල්ගහවෙල.
දුර : 037 2053300, 076 8255703
mahameghapublishers@gmail.com

මුද්‍රණය	:	තරංජි ප්‍රින්ට්ස්, 506, හයිලෙවල් පාර, නාවින්න, මහරගම. ටෙලි: 011-2801308 / 011-5555265

නුවණ වැඩෙන
බෝසත් කථා - 28
ජාතක පොත් වහන්සේ

(අරඤ්ඤ වර්ගය)

සරල සිංහල පරිවර්තනය

පූජ්‍ය කිරිබත්ගොඩ ඤාණානන්ද
ස්වාමීන් වහන්සේ

මහාමේඝ
MAHAMEGHA

ප්‍රකාශනයකි

පෙරවදන

ජාතක පොත් වහන්සේ ඔබ කියවලා ඇති. කුඩා අවධියේත්, පාසලේදීත්, සරසවියේත්, පන්සලේ බණ මඩුවේත්, වෙසක් නාඩගමේත් අපි ජාතක කථා රස වින්දෙමු. නමුත් එහි සැබෑ අරුත කුමක් දැයි තේරුම් ගන්නට අප සමත් වූ වගක් නම් නොපෙනේ.

'නුවණ වැඩෙන බෝසත් කථා' නමින් ඒ ජාතක කථා ඔබේම භාෂාවෙන් ඔබට කියවන්නට ලැබෙන්නේ එයින් ඉස්මතු වන අරුතත් සමඟිනි. මෙහි අරුත් දැන එම කථාවත් මතක තබා ගෙන සත්පුරුෂ ගුණධර්ම දියුණු කර ගන්නට මහන්සි ගන්නේ නම් එය ජාතක කථාවෙන් ඔබට ලැබෙන සැබෑම ප්‍රතිඵලයයි.

හැම දෙනාටම තෙරුවන් සරණයි!

මෙයට,
ගෞතම බුදු සසුන තුළ මෙත් සිතින්,
පූජ්‍ය කිරිබත්ගොඩ ඤාණානන්ද ස්වාමීන් වහන්සේ
ශ්‍රී බුද්ධ වර්ෂ 2560 ක් වූ වෙසක් මස 31 දා

මහමෙව්නාව භාවනා අසපුව
වඩුවාව, යටිගල්ඔළුව,
පොල්ගහවෙල.

පටුන

28. අරඤ්ඤක වර්ගය

නමෝ තස්ස භගවතෝ අරහතෝ සම්මාසම්බුද්ධස්ස
ඒ භාග්‍යවත් අර්හත් සම්මා සම්බුදුරජාණන් වහන්සේට නමස්කාර වේවා!

01. උදපානදූසක ජාතකය

ළිඳ දූෂණය කළ හිවලාගේ කතාව

පින්වතුනේ, පින්වත් දරුවනේ,

සංසාරගත සත්තු පවා බොහෝ විට කටයුතු කරන්නේ ඔවුන්ගේ සසර පුරුදුවලට අනුවයි. මේ එබඳු කතාවක්.

ඒ දිනවල අපගේ භාග්‍යවතුන් වහන්සේ වැඩ වාසය කළේ බරණැස ඉසිපතනයේ. ඔය කාලේ ඉසිපතනයේ භික්ෂු සංඝයාට වළඳින පැන් ගැනීම පිණිස ළිඳක් තිබුනා. දවසක් හිවලෙක් ඇවිත් ඒ ළිඳට මලපහ කොට, මුත්‍රාත් කොට පිටත්ව ගියා. ආයෙමත් දවසක් ළිඳට මල මූත්‍රා කරන අදහසින් හිවලා එතැනට ආවා. සාමණේරවරු මෙය දැක්කා. දැකලා ගල්වලින් රිදෙන්ට ගහලා උඹව පන්නා ගත්තා. එදායින් පස්සේ හිවලා ඒ පැත්ත පළාතේ එනවා තියා බැලුවේවත් නෑ.

දම්සභා මණ්ඩපයේ රැස්වූ භික්ෂූන් වහන්සේලා මේ ගැන කථා කළා. "බලන්ට ඇවැත්නි, අපේ සාමණේරවරු හිවලාට රිදෙන්ට දෙකක් දෙනකල් ම වරින් වර ඇවිත් ළිඳ දූෂණය කළා නොවැ. දැන් නම් පැත්ත පළාතෙ එන්නේ නෑ" කියලා. ඒ අවස්ථාවේ භාග්‍යවතුන් වහන්සේ එතැනට වැඩම කොට වදාළා. භික්ෂූන් වහන්සේලා තමන් කතා

කරමින් සිටි කරුණ සැළකළා.

"මහණෙනි, ඔය සතා ළිං දූෂණය කළේ මේ ආත්මේ විතරක් නොවේ. මීට කලින් ආත්මෙකත් ඔය වැඩේ ම කළා" කියා මේ අතීත කතාව ගෙනහැර දක්වා වදාළා.

"මහණෙනි, ගොඩාක් ඉස්සර කාලෙක මේ බරණැස ඔය ළිඳ තියෙන තැන ඔය ළිඳ ම තිබුනා. ඒ කාලේ මහා බෝධිසත්වයෝ බරණැස එක්තරා නිවසක උපන්නා. වයස මුහුකුරා ගියවිට සෘෂි පැවිද්දෙන් පැවිදි වෙලා තව බොහෝ තාපසයින් පිරිවරාගෙන මේ ඉසිපතනයේ ම වාසය කළා. දවසක් හිවලෙක් ඇවිත් ඇවිත් ඔය ළිඳට මල මූත්‍රා කොට දූෂණය කරලා යනවා. එතකොට තාපසවරු හිවලා එනකල් ඉඳලා කොටු කරලා අල්ලා ගත්තා. බෝසත් තාපසයා ළඟට අරගෙන ආවා. බෝධිසත්වයෝ හිවලත් එක්ක කතා කරමින් මේ ගාථාව පැවසුවා.

(1)

වන අරණේ වැඩ සිටිනා
- බොහෝ කල් තපස් රකිනා
ඉසිවරුන් ඉතා දුකසේ
- තැනූ ළිඳයි අර තියෙනා
ඇයි හිවලෝ තෝ වනයෙන්
- ඇවිත් ඇවිත් සොර සිතිනා
ළිඳට ම මළ මුත්‍ර හෙළන
- කරුණ කියන් දැන් මෙතනා

එතකොට හිවලා බෝධිසත්වයන්ට මෙහෙම පිළිතුරු දුන්නා.

(2)

අනේ මිතුර එය අපගේ
- සිවල් පරපුරේ තියෙනා සිරිතයි
තැනකින් දිය බීවොත් එහි

- මල මුත්‍රා හෙළා දමනවා ම යි
එය අපගේ පිය මුතු පරපුරෙන්
- නොසිඳගෙන එන සිරිතයි
එනිසා ඒ ගැන ඔතරම්
- කෑකොස්සන් ගැසීම නම් වැරදියි

මේ කපටි හිවලාගේ පිළිතුරට බෝධිසත්වයෝ මෙහෙම පිළිතුරු දුන්නා.

(3)

ඈ බොල තක්කඩි හිවලෝ
- තොපට රකින්නට සිරිතක්
- කොහිද තිබෙන්නේ
අපව මුලාවේ දමන්ට
- තව දුරටත් තෝ බොරු
- නොකියා දැන් සිටපන්නේ
හිවලුන්හට ලොව කිසිදා
- සිරිත් විරිත් කියා දෙයක්
- නොමැත තියෙන්නේ
එනිසා ආයෙත් නම් තොට
- මෙහි එන්නට බැරි බව දැන්
- සිතට ගනින්නේ

මෙසේ අවවාද කොට ආයෙමත් තෝ මේ පැත්ත පළාතේ එන්ට එපා ය කියා තර්ජනය කළා. එදායින් පස්සේ හිවලා ඒ පැත්ත පළාතේ ආවෙ නෑ.

මහණෙනි, එදා පැන් බොන ළිඳ දූෂණය කළ හිවලා ම යි මෙදාත් ඇවිත් ඒ ළිඳ ම දූෂණය කළේ. එදා නායක තාපසයා වෙලා සිටියේ මම" යි කියා භාග්‍යවතුන් වහන්සේ මේ ජාතකය නිමවා වදාළා.

02. ව්‍යග්ඝ ජාතකය

ව්‍යාග්‍රයන් වනයෙන් එළවා ගත් දෙවියාගේ කතාව

පින්වතුනේ, පින්වත් දරුවනේ,

ජාතක කතාවල විස්තර වෙන්නේ බෝධිසත්වයන්ගේ ජීවිත කතා පමණක් නොවේ. තවත් බොහෝ අයගේ සංසාරගත ජීවිතයේ යම් අවස්ථා පිළිබඳ තොරතුරු දැනගන්ට ලැබෙනවා. මෙයත් එවැනි කතාවක්.

ඒ දිනවල අපගේ භාග්‍යවතුන් වහන්සේ වැඩ වාසය කළේ සැවැත්නුවර ජේතවනයේ. ඒ කාලේ කෝකාලික තෙරුන් වාසය කළේ කෝකාලික රටේ තම පියා වන කෝකාලික සිටුතුමා විසින් කරවන ලද විහාරයේ. දවසක් කෝකාලික තෙරුන් තමන්ගේ දායක පිරිසට මෙහෙම කිව්වා. "පින්වත්නි, සාරිපුත්ත, මොග්ගල්ලානයන් වහන්සේලා වැනි අග්‍ර වූ සොඳුරු ශ්‍රාවක රත්නයන් වහන්සේලා මේ විහාරයේ වස් වසවාගෙන උපස්ථාන කරන්ට තොප ආසා නැද්ද?"

"අනේ ස්වාමීනී, අපි ඒ මහෝත්තමයන් වහන්සේලා ගැන අසා තියෙනවා. අනේ අපට වාසනාවක් නැහැ

නොවැ ඒ උත්තමයන්ව දැහින් දැක බලාගන්ට. අනේ ස්වාමීනී, ඔබවහන්සේට ඇහැකි නෙව සැවැත්නුවරට ගොහින් උන්නාන්සේලාව වැඩමවාගෙන එන්ට."

"ඒ අදහස නම් හොඳා තමා" කියලා කෝකාලික තෙරුන් සැවැත්නුවර ගිහින් භාග්‍යවතුන් වහන්සේ බැහැදැක වන්දනා කළා. සාරිපුත්ත - මහාමොග්ගල්ලාන රහතන් වහන්සේලා බැහැ දැක මෙහෙම කියා හිටියා. "අනේ ආයුෂ්මත් සාරිපුත්තයෙනි, ආයුෂ්මත් මොග්ගල්ලානයෙනි, අපේ දායකයෝ තමුන්නාන්සේලා දෙනමට හරි කැමතියි. එක්කරගෙන එන්ට කියලා බේරෙන්ට බෑ. මං මේ ඒකට ම යි ආවේ. අනේ යමු ආයුෂ්මත්නි."

"ඇවත.... මේ වෙලාවේ අපට එන්ට හැටියක් නෑ නොවැ. කරන්ට දෙයක් නෑ. ඔබ යන්ට" කිව්වා. එතකොට කෝකාලික තෙරුන් හිස් අතින් ආපසු ගියා.

දම්සභා මණ්ඩපයට රැස්වූ භික්ෂූන් වහන්සේලා මේ ගැන කතා කරමින් සිටියා. "ඇවැත්නි... කෝකාලික තෙරුන්ට නම් පුදුම දෙයක් වෙලා තියෙන්නේ. සාරිපුත්ත මහාමොග්ගල්ලානයන් වහන්සේලා නැතිව ඉන්ටත් බැහැ. උන්වහන්සේලා සමඟ ඉන්ටත් බෑ. ඇතුවත් බැරි නැතුවත් බැරි එකක් නොවැ තියෙන්නේ."

ඒ අවස්ථාවේ භාග්‍යවතුන් වහන්සේ එතැනට වැඩම කොට වදාළා. භික්ෂූන් වහන්සේලා තමන් කතා කරමින් සිටි කරුණ භාග්‍යවතුන් වහන්සේට සැළ කළා. භාග්‍යවතුන් වහන්සේ මෙසේ වදාළා.

"මහණෙනි, කෝකාලික දැන් විතරක්

නොවේ, කලින් ආත්මෙකත් ඔහොම තමා. සාරිපුත්ත මොග්ගල්ලානයන් ඇතුවත් බැරිව නැතිවත් බැරිව හිටියේ" කියා මේ අතීත කතාව ගෙනහැර දක්වා වදාළා.

"මහණෙනි, ගොඩාක් ඉස්සර කාලෙක බරණැස්පුරේ බ්‍රහ්මදත්ත නමින් රජ්ජුරු කෙනෙක් වාසය කළා. ඔය කාලේ බෝධිසත්වයෝ වනාන්තරේ රුක් දෙවියෙක්ව ඉපදිලා සිටියා. ඒ රුක් දෙවියාගේ විමානෙට නුදුරින් තිබූ තවත් විශාල වෘක්ෂයක වෙනත් රුක් දෙවියෙක් වාසය කළා. ඔය වනයේ සිංහයෙකුයි ව්‍යාඝ්‍රයෙකුයි වාසය කරනවා. ඒ නිසා ඔවුන්ට භයින් ගම්වල කවුරුවත් වනේට එන්නේ නෑ. වනය කපා හේන් කෙටීමට හෝ ගස් කැපීමට එන්නේ නෑ. මේ සත්තු දෙන්නා නිසා වනාන්තරේට ලොකු ආරක්ෂාවක් ලැබුනා.

මේ වනයේ ඉන්න සතුන් දඩයම් කරගෙන අර සිංහයයි, ව්‍යාග්‍රයායි වාසය කළේ. හැබැයි ඔවුන් දඩයම් කරන සතුන්ගේ ඉතිරි මස් කොටස් එහෙම ම තියෙන නිසා ඒ වනගැබ නිතර කුණු මස් ගඳින් යුක්ත වුනා. එතකොට අර රුක් දෙවියා ඒ කුණු මස් ගඳ ගසන නිසා සිංහයාටයි ව්‍යාඝ්‍රයාටයි කැමති වුනේ නෑ. දවසක් බෝසත් රුක් දෙවියා මුණ ගැසෙන්ට ඇවිත් මෙහෙම කිව්වා.

"අනේ මිත්‍රය, බලන්ට. මේ මුළු වනාන්තරේ ම ගන්ධස්සාරේ බැහැ. මේ හැම කරදරයක් ම තියෙන්නේ මේ සත්තු දෙන්නා නිසා. මං මේකුන්ව මේ වනාන්තරෙන් එලවා දානවා."

"හා... හා... මිත්‍රයා ඔය සත්තු දෙන්නාව එළවනවා කියා ඒ ගැන එහෙම හිතන එකත් වැරදියි. ඔබට දූර

පේන්නේ නෑ නේද? අපේ මේ විමාන ඉතුරු වෙලා තියෙන්නේ ඔය සත්තු දෙන්නා නිසා. ටිකක් හිතන්න. ඔය සතුන් දෙන්නා එලවා ගත්තු දවසට අපේ විමානත් විනාස වෙලා යාවි. පේන්නැද්ද මේ ගස් කොළන් බේරිලා තියෙන්නේ කවුරු නිසා ද. බලන්ට, ඔය සතුන් දෙන්නාගේ පියවර සටහන් දකින්ට නැති දවසට මිනිස්සු කැති පොරෝ අරගෙන ඇවිත් කැලෑව කපන්ට පටන් ගනීවි. හේන් ගොයිතැන් කරාවි. ලී ඉරාගෙන යාවි. මේක නිකං මිදුලක් කරාවි. ඒ නිසා ඔය වැඩේට නම් ආසා කරන්ට එපා" කියලා මේ ගාථාවන් පැවසුවා.

(1)

පාප මිතුරු ඇසුර නිසා
- සැනසිල්ලේ ඉන්න ටිකත් නැති වී යන්නේ
දුකක් නැතිව සුවසේ ඉන්නට තිබෙනා
- අවස්ථාව වැනසී යන්නේ
පාප මිතුරු ඇසුර උතුම් කොට ගත්තොත්
- දිගින් දිගට වැරදී යන්නේ
නුවණැත්තා ඇස රකිනා සෙයින් පළමු
- තම යහගුණ නිති රැකගන්නේ

(2)

කලණමිතුරු ඇසුර නිසා සැනසිල්ලේ
- ඉන්න ටිකත් නිති සුරැකෙන්නේ
දුකක් නැතිව සැපසේ ජීවත්වන්නට
- ඒ නිසාම මග සැලසෙන්නේ
නුවණැත්තා සියලුම කටයුතුවලදී
- නිවැරදි වූ දෙයයි කරන්නේ
එබඳු ඇසුර ඇතිවිට ඔහු කිසිකෙනෙකුට
- කිසි වරදක් නම් නොකරන්නේ

මෙහෙම කියලා දෙවියාට අවවාද කළා. නමුත්
ඒ මෝඩ දේවතාවා කිසි අවවාදයක් ගණනකට ගත්තේ
නෑ. දවසක් ඒ දෙවියා බිහිසුණු අරමුණක් මවා පාලා
අර සිංහයාවයි කොටියාවයි හොඳටම භය කෙරුවා.
එතකොට ඔවුන් ඈත වනයකට පලා ගියා. සැනසිල්ලේ
ඉන්ට ලැබුනේ ටික දවසයි. නපුරු සත්තු වනය අත්හැර
ගියා කියා මිනිසුන්ට දැනගන්ට ලැබුනා. මිනිස්සු
වනයේ කොන පටන් කපා ගෙන හේන්, කුඹුරු කරන්ට
පටන්ගත්තා. මහා ගස් කප කපා ලී ඉරන්ට පටන් ගත්තා.
අර මෝඩ දෙවියා තැති අරගෙන බෝසත් දෙවියා
සොයාගෙන ආවා. "හපොයි මිත්‍රය... හරි වැඩේ නොවැ
වුනේ. අනේ මං ඔබේ වචනය ගණනකට නොගෙන
සිංහයාවයි, ව්‍යාඝ්‍රයාවයි එළවා ගත්තා. අයියෝ මිනිස්සු
දැනගෙන. දැන් ඒකුන් වනාන්තරේ එළි කරන්ට පටන්
අරන්. අනේ මොකක්ද මේකට කරන්නේ?"

"දැන් ඉතින් කරන්ට දෙයක් නෑ. දුර දිග බලන්ට
බැරිකම නිසා මයි වැඩේ වරද්ද ගත්තේ. ආන් ඒ දෙන්නා
දැන් අසවල් වනයේ ඉන්නවා. ගොහින් එක්කරගෙන
වරෙන්" කියලා බෝසත් දෙවියා පිළිතුරු දුන්නා.
එතකොට ඒ දෙවියා වනේට ගිහින් සිංහයයි, ව්‍යාඝ්‍රයයි
ඉදිරියේ වැඳගෙන මේ ගාථාව කිව්වා.

(3)

අනේ සිංහයෝ කොටියෝ
    - සමා වෙලා මේ අහපන්නේ
කලින් හිටිය වනයට ආයෙත් ඇවිදින්
    - සුවසේ කල් ගත කරපන්නේ
නාද පවත්වා නිතරම
    - වනයේ ගැවසී සැමතැන

- ආයෙ පාළු නොකරාපන්නේ
මිනිස්සු ඇවිදින් හැම තැන
- කොටනවා වනේ අපගේ
- අනේ එයත් වළකාපන්නේ

එතකොට සිංහයයි, කොටියයි දෙවියාට මෙහෙම කිව්වා." හාපෝ... අපි නම් ආයෙ ඔය පැත්ත පළාතේ එන්නෙ නෑ. යනවා යන්න ආ අතක් බලාගෙන!" කියලා දෙවියාගේ ඇරයුම ප්‍රතික්ෂේප කළා. දෙවියා මහත් කණගාටුවෙන් ආපසු හිටිය තැනට ම ගියා. වැඩි දවසක් ගියේ නෑ. මිනිස්සු මුළු වනය ම කෙටුවා. වගා බිම් බවට පත් කළා.

මහණෙනි, එදා මෝඩ දෙවියා වෙලා හිටියේ ඔය කෝකාලික. සිංහයා වෙලා සිටියේ අපගේ සාරිපුත්තයෝ. ව්‍යාග්‍ර්‍යා වෙලා සිටියේ අපගේ මහා මොග්ගල්ලානයෝ. නුවණැති දෙවියෝ වෙලා සිටියේ මම" යි කියා භාග්‍යවතුන් වහන්සේ මේ ජාතකය නිමවා වදාළා.

03. කච්ඡප ජාතකය

රිළවෙකු සහ ඉබ්බෙකු ගැන කතාව

පින්වතුනේ, පින්වත් දරුවනේ,

සමහර අවස්ථාවලදී තිරිසන් ලෝකයේ ආරවුල් හදාගත් සත්වයෝ මිනිස් ලොව උපන් විටත් ආරවුල් හදා ගන්නවා. මේ සසර ගමන නම් හරිම පුදුමයි. මේ කතාවෙන් කියවෙන්නේ එබඳු දෙයක්.

ඒ දිනවල අපගේ භාග්‍යවතුන් වහන්සේ වැඩ වාසය කළේ සැවැත් නුවර ජේතවනයේ. ඒ කාලේ කොසොල් රජ්ජුරුවන්ගේ අමාත්‍යවරු දෙන්නෙක් නිතරම කෝලහල කරගත්තා. එක් කෙනෙක් මොනවා කළත් අනිකාට ඒක වැරදියි. අනිකා මොනවා කළත් එයාට ඒක වැරදියි. දෙන්නා සමඟි වෙන්නෙ නෑ. අන්තිමේදී භාග්‍යවතුන් වහන්සේ මැදිහත් වීමෙන් දෙන්නා සමඟි වුනා පමණක් නොවේ, සෝවාන් ඵලයට පත් වෙන්ටත් වාසනාව උදා වුනා.

දම්සභා මණ්ඩපයේ රැස්වූ භික්ෂූන් වහන්සේලා මේ දෙන්නාගේ කලහය සංසිඳවා ධර්ම ලාභය ලබාදීම ගැන භාග්‍යවතුන් වහන්සේට ප්‍රශංසා කරමින් මේ ගැන කතා කළා. ඒ අවස්ථාවේ භාග්‍යවතුන් වහන්සේ එතැනට වැඩම කොට වදාළා. භික්ෂූන් වහන්සේලා තමන් කතා

කරමින් සිටි කරුණ භාග්‍යවතුන් වහන්සේට සැළකළා. භාග්‍යවතුන් වහන්සේ මෙය වදාළා. "මහණෙනි, ඔය ඇමතිවරු දෙන්නා අතර අර්බුද හටගත්තේ මේ ආත්මේ විතරක් නොවේ. කලින් ආත්මෙකත් අර්බුදයක් හටගත්තා. එදාත් මං මැදිහත් වෙලා එය සංසිඳෙව්වා" කියා මේ අතීත කතාව ගෙනහැර දක්වා වදාළා.

"මහණෙනි, ගොඩාක් ඉස්සර කාලෙක බරණැස් පුරේ බ්‍රහ්මදත්ත නම් රජ්ජුරු කෙනෙක් රාජ්‍ය කළා. ඔය කාලේ මහා බෝධිසත්වයෝ කසී රටේ බ්‍රාහ්මණ පවුලක ඉපදුනා. වයස මුහුකුරා ගියාට පස්සේ තක්ෂිලාවට ගිහින් ශිල්ප හදාරා ආවා. කලක් යද්දී කාමයන් ගැන කළකිරුණා. ඍෂි පැවිද්දෙන් පැවිදි වෙලා හිමාල වනයට ගිහින් ගංගා තීරයේ කුටියක් හදාගෙන වාසය කළා. බණ භාවනා කොට ධ්‍යාන අභිඥා උපදවා ගෙන වාසය කළා. ඒ කාලේ බෝධිසත්වයෝ පුරුදු කළේ උපේක්ෂා පාරමිතාවයි. ඉතාම බලවත් ලෙස මධ්‍යස්ථ සිතක් පුරුදු කළා.

බෝධිසත්වයෝ සිටිය කුටිය දොරකඩට ඉතාම අකීකරු දුස්සීල වල් රිළවෙක් එනවා. ඌ ඇවිත් බෝධිසත්වයන් භාවනා කරද්දී ඇඟට ගොඩ වෙනවා. බෝධිසත්වයෝ නිශ්ශබ්දව ඉන්නවා. එතකොට ඌ තමන්ගේ පුරුෂ නිමිත්ත බෝධිසත්වයන්ගේ කනේ ඔබනවා. නාසයේ ඔබනවා. බෝධිසත්වයෝ කිසි වෙනසක් නොදක්වා, කලබල නොවී ඉතාම ඉවසීමෙන්, මැදහත් සිතින්, උපේක්ෂාවෙන් වාසය කරනවා. කෝප සිතක් ඇති නොකරගෙන අනුකම්පා සිතින් වාසය කරනවා.

දවසක් ගංගාවේ සිටිය ලොකු ඉබ්බෙක් ගං ඉවුරට

ඇවිත් ගලක් උඩට වෙලා අව්ව තපිමින් නිදාගෙන සිටියා. නින්දේදී ඉබ්බාගේ කට ඇරිලා තිබුනේ. අර වල් රිළවා ඉබ්බාව දැක්කා. දැකලා ඉබ්බා ළඟට ඇවිත් තමන්ගේ පුරුෂ නිමිත්ත ඉබ්බාගේ කටේ එබුවා. ඉබ්බාට ඇහැරුණා. තමන්ගේ කටේ තිබෙනා දේ දැක ඉබ්බාට හොඳටම කේන්ති ගියා. කුඩා බඳුනක දමා වැසුවා වගේ රිළවාගේ පුරුෂ නිමිත්ත කටින් හපා ගත්තා. රිළවාට වේදනාව වැඩි කමට කෑ ගැසුණා. 'අනේ මාව මේ දුක් වේදනාවෙන් නිදහස් කරන්ට කවුරුද ඉන්නේ? අයියෝ මං දැන් කා ළඟට ද යන්නේ?' කියලා සිතා බලද්දී තාපසින්නාන්සේව මතක් වුණා. 'අනේ මට තාපසින්නාන්සේ හැර පිහිට වෙන්ට වෙන කවුරුත් නෑ. මං දැන් උන්නාන්සේ ළඟට යන්ට ඕනෑ' කියලා ඉබ්බා අත් දෙකින් උස්සා ගත්තා. අමාරුවෙන් අඩි තියමින් බෝධිසත්වයන් ළඟට ගියා. බෝධිසත්වයෝ ඒ වල් රිළවාගෙන් විහිළුවට වගේ මෙය අසමින් මේ ගාථාව පැවසුවා.

(1)

ඕ හෝ බමුණාණෙනි ඔබ කවුද මෙලෙස
- ලොකුවට බර ඔසොවාගෙන එන්නේ
පුරවාගත් බතින් යුතුව පාත්‍රයක් වගෙයි
- ඔබේ අතේ තියෙන්නේ
දානයකට ගියාවත් ද ඇයි බඳුනක් පුරවා
- අරගෙන එන්නේ
මළ බතකට ගියාවත් ද අද නම් හොඳ හැටි
- සරුවට ලැබී තියෙන්නේ

එතකොට වේදනාවෙනුත් භයිනුත් කම්පිතව හුන් ඒ දුස්සීල රිළවා මේ ගාථාවෙන් බෝධිසත්වයන්ට පිළිතුරු දුන්නා.

(2)

අයියෝ මං රිළවෙක් වෙමි
- ස්වාමීනි මෝඩකොමට
- වරදා ගත්තේ
ඕනෑ නැති දේකට මං
- අවයව දාගන්ට ගොසින්
- වනසා ගත්තේ
මුදවනු මැන මා මෙ දුකින්
- ඔබතුමාගෙ පිහිට තමයි
- දැන් මට ඇත්තේ
මයෙ දෙයියෝ මං කන්දට
- යනවා ම යි ආයෙත් නම්
- කවදාවත් එන්නෑ මේ පැත්තේ

එතකොට බෝධිසත්වයෝ රිළවා ගැන මහත් අනුකම්පාවකින් රිළවාගේ පුරුෂ නිමිත්ත තදින් හපා ගෙන ඉන්නා ඉබ්බා අමතා මේ ගාථාව පැවසුවා.

(3)

ඉබ්බත් අයිතිව සිටින්නෙ
- කස්සප යන ගෝත්‍රයට බව
- තොප දන්නෙ නැද්ද
රිළවුන් හැම අයත් වෙන්නෙ
- කොණ්ඩඤ්ඤ යන ගෝත්‍රයට
- කියලා තොප අසා නැද්ද
එනිසා කස්සපය දැන් ම
- කොණ්ඩඤ්ඤව නිදහස් කරනවද නැද්ද
බොහොම නරක වැඩක් නෙ ඔය
- කර තියෙන්නෙ හැබෑට තොට ලැජ්ජ නැද්ද

බෝධිසත්වයන්ගේ කතාව අසා ඉබ්බාට මහත් ලැජ්ජාවක් හටගත්තා. බෝධිසත්වයන් කාරණාව කියූ ආකාරය ගැනත් පැහැදුනා. රිළවාගේ අවයවය කටින් අත්හැරියා. එසැණින් ම රිළවා ඉබ්බාව බිමින් තිබ්බා. බෝධිසත්වයන්ට වන්දනා කළා. කෑ ගසාගෙන පලා ගියා. ආයෙ හැරිලාවත් බැලුවේ නෑ. ඉබ්බාත් බෝධිසත්වයන්ට වැඳලා ගංගාවට ගියා.

මහණෙනි, එදා ඉබ්බා වෙලා, රිළවා වෙලා ආරවුල් හදාගත්තු දෙන්නා ම යි මේ ආත්මෙත් මහ ඇමතිවරු වෙලාත් පැටලුනේ. තාපසයාව සිටියේ මම" යි කියා භාග්‍යවතුන් වහන්සේ මේ ජාතකය නිමවා වදාළා.

04. ලෝල ජාතකය

ආහාරයට අධික ලෙස ලොල්ව සිටි භික්ෂුවගේ කතාව

පින්වතුනේ, පින්වත් දරුවනේ,

කවුරු හෝ අධිකව ආහාරයට ලොල්ව සිටියොත් අපට හිතෙන්නේ එයා ඕනෑවටත් වඩා කෑදර බඩජාරි කෙනෙක් කියා විතරයි. නමුත් එයා සසර පුරුද්දකට හසුවී සිටින්ට ඕනෑතරම් ඉඩ තියෙනවා. දැන් කියවෙන්නේ එබඳු කතාවක්.

ඒ දිනවල අපගේ භාග්‍යවතුන් වහන්සේ වැඩ වාසය කළේ සැවැත්නුවර ජේතවනයේ. ඒ කාලේ සැවැත්නුවරින් තරුණයෙක් ඇවිත් පැවිදි වුනා. මොහු ටික කලක් යද්දී අධික ලෙස දානයට ලොල් වුනා. ප්‍රණීත දානය තියෙන තැන් හොය හොයා යනවා. මේ භික්ෂුව මහත් බඩජාරිකමින් යුක්තයි කියා ක්‍රමයෙන් කවුරුත් දැන ගත්තා. එතකොට භික්ෂූන් වහන්සේලා මොහුව භාග්‍යවතුන් වහන්සේ ළඟට කැඳවාගෙන ගියා. භාග්‍යවතුන් වහන්සේ මෙසේ අසා වදාළා.

"හැබෑද භික්ෂුව, ඔබ ප්‍රණීත ප්‍රණීත දානය ම තියෙන තැන් සොය සොයා යනවා කියන්නේ.

බඩජාරිකමින් යුක්තයි කියන්නේ?"

"එහෙමයි ස්වාමීනී"

"භික්ෂුව, ඔය රස තෘෂ්ණාව දැන්වත් අත්හැර ගන්ට. ඔබ ආහාරයට ගිජු වෙලා ඉන්නේ මේ ආත්මේ විතරක් නොවේ. මීට කලින් ආත්මෙක ඔය අධික ලොල්බව නිසා ම ජීවිතක්ෂයට පත්වෙන්ට සිදු වුනා. ඒ නිසා ම නුවණැතියන්ටත් තමන් පදිංචි වී සිටි තැනින් අයින් වෙලා යන්ට සිදු වුනා" කියා මේ අතීත කතාව ගෙනහැර දක්වා වදාළා.

"මහණෙනි, ගොඩාක් ඉස්සර කාලෙක බරණැස්පුරේ බ්‍රහ්මදත්ත නම් රජ්ජුරු කෙනෙක් රාජ්‍ය කළා. ඔය කාලේ මහා බෝධිසත්වයෝ පරෙවි යෝනියේ ඉපදිලා සිටියා. දවසක් බරණැස් සිටුතුමාගේ මහා කුස්සියේ වැඩ කරන අරක්කැමියා තමන්ට පිනක් රැස් කරගන්නා අදහසින් කුස්සියෙ ඉස්තෝප්පුවේ කූඩුවක් හදා තිබ්බා. බෝසත් පරෙවියා ඒ කූඩුවේ පදිංචියට ආවා. කරදරයක් නැතිව සුවසේ වාසය කළා."

දවසක් ආහාරයට ගිජු වූ කෑදර කපුටෙක් කුස්සිය අසලින් යද්දී නානාප්‍රකාර අයුරින් මස් මාළු උයාපු බඳුන් කුස්සියේ තියෙනවා දැක්කා. 'ෂාහ්!... අර තියෙන්නේ ෂෝක් කෑම නොවැ. හැබෑට මට මේවා කන්ට පිළිවෙළක් නැද්ද!' කියා වට පිට බැලුවා. බලද්දී කුස්සියේ ඉස්තෝප්පු කූඩුවේ පරෙවියෙක් ඉන්නවා දැක්කා. 'ආ... අර ඉන්නේ පරෙවියෙක්. මෙයාව හිතවත් කරගත්තොත් මයෙ අදහස ඉෂ්ට කරගන්ට බැරි වෙන එකක් නෑ' කියලා කල් බල බලා සිටියා. පරෙවියා ගොදුරු සොයාගෙන වනාන්තරේට පිටත්වෙලා ගියා. කපුටා පරෙවියා පස්සෙන් ඉගිල ගියා.

"හෝ... කපුට... මොකදෑ මේ තෝ මයෙ පස්සෙන් එන්නේ? අපි දෙන්නා ගන්නේ දෙවිදිහක කෑම නොවැ. ඒ නිසා මං පස්සෙන් ඇවිත් පලක් නෑ ඕං"

"අනේ ස්වාමී, එහෙම කියන්ට එපා. අපි දෙන්නාගේ ගොදුරු නම් වෙනස් බව හැබෑව. ඒත් තමුන්නාන්සේගේ කල්කිරියාව ගැන මං හොඳටෝම පැහැදිලා ඉන්නේ. තමුන්නාන්සේට උපස්ථාන කොරන්ටයි මං ආසා!"

"හොඃ... හෝ.... පරෙවියෙකුගේ කටයුතු ගැන කපුටෙක් පැහැදිලා උපස්ථාන කරන්ටත් ආවා එහෙනම් ඒ? හොඳා එහෙනම්... උපස්ථාන කරපන්. මයෙ අමනාපයක් නෑ."

එතකොට පරෙවියා ධාන්‍ය වර්ග ගොදුරු කරගෙන එනකල් කපුටාත් ගොම ගොඩක හිටි පණුකැදැල්ලක් ගිල දැම්මා. පරෙවියා එනතුරු බලා සිට මෙහෙම කිව්වා. "ඕ... සෑහෙන්ට පරක්කු වුනා නොවැ. තමුන්නාන්සේ භෝජන අනුභව කරද්දී ප්‍රමාණය දැනගෙන ගත්තොත් නරකෙයි? එමු එමු සෑහෙන්ට හවස් වුනා."

බෝසත් පරෙවියා කපුටාත් එක්ක තමන්ගේ වාසස්ථානයට ගියා. අරක්කැමියා මේක දැක්කා. 'ආ... අපේ පරෙවියා තමන්ගේ මිත්‍රයෙක්වත් එක්කරගෙන ඇවිල්ලා' කියලා කපුටාට කූඩයකට දහයියා දමා ඉන්ට තැනක් පිළියෙල කොට දුන්නා. කපුටා දින හතරක් පහක් ඒ කූඩුවේ ම නිරාහාරව සිටියා. දවසක් සිටුතුමාට සෑහෙන්ට මස් මාළු ලැබිලා ඒවා ගෙනැවිත් කුස්සියේ තබා තිබුනා. ඒවා දැකපු වෙලාවේ පටන් කපුටාට ඉවසුම් නෑ. පාන්දර ඉඳලා තතනමින් කූඩුවේ වැතිරී සිටියා.

පරෙවියා කපුටාට ගොදුරු සොයා යන්ට කතා කළා. "මිත්‍රයා... හා... යමු යමු. මොනවා හරි හොයාගෙන කන්ට පිටත්වෙමු."

"අනේ ඔයා යන්ට... මට බඩේ අජීර්ණයක් හැදිලා ටිකාක් අමාරුයි වගේ."

"හොහ්.... කපුටන්ට කොහොමෙයි අජීර්ණ හැදෙන්නේ? ගිතෙල් පොඟවාපු පහන් වැටියක් ගිල්ල ගමන් ඔහේගේ කුස ටිකාක් පිරේවි. එහෙම නැතිනම් ගිලින ගිලින දේ දිරවනවා නොවැ... මේ කපුට... මගේ වචනය අසාපන්. තෝ අර මස් දැකලා නේද ඔය මායම් දාන්නෙ?"

"හප්පේ... ස්වාමි... මොනාද මේ කියන්නේ? මං මේ හරි අමාරුවෙන් ඉන්නේ. අජීරණේ ටිකාක් සැරට හැදිලා මයෙ හිතේ"

"හෝ... එහෙනම්... කල්පනාවෙන් ඉන්නවා ඕං" කියා බෝසත් පරෙවියා කූඩුවෙන් පිටත්වෙලා ගියා. අරක්කැමියා නොයෙක් අයුරින් මස් මාළු ව්‍යංජන හැදුවා. හදලා සිරුරේ දහඩිය තිවෙනකල් කුස්සියෙන් එළියට ඇවිත් දොරකඩ හිටියා. ඒ වෙලාවේ කපුටා 'ඕ... ඔය ආවේ මම පුල පුලා බලා සිටි අවස්ථාව' කියලා මස් කැබැල්ලක් ඩැහැගැනීමේ අපේක්ෂාවෙන් ඉගිල ඇවිත් ව්‍යංජන දීසිය වාටියේ වැහැව්වා. ඇතුලේ භාජන පෙරලෙන ශබ්දය ඇසී අරක්කැමියා ඇවිත් බලද්දී කපුටාව දැකලා උගව අල්ලාගත්තා. අල්ලගෙන පිහාටු ගලවා ඔළුවේ පිහාටු විතරක් ඉතිරි කොට ඉඟුරු මිරිස් ලුණු ගොරකා තලියක් ඇඟේ තවරලා "තෝ අපේ සිටුතුමාගේ මස් මාළුවලට තට්ටු කරන්ට ද ආවේ?" කියලා මුළු සරීරය ම පොඩි

කරලා පරෙවියාගේ කූඩුවට වීසි කළා. පරෙවියා ගොදුරු සොයාගෙන කාලා ආපසු ඇවිත් බලද්දී තටු ගලවාගෙන දුරුමිරිස් ඇඟ තවරාගෙන වේදනාවෙන් කෙඳිරි ගගා ඉන්න කපුටාව දැකලා වැඩේ තේරුනා. කපුටාට විහිළුවට වාගේ මේ ගාථාව පැවසුවා.

(1)

හෝ... කව්ද මේ... හිසේ සිළුවකුත් තිබේ
- කොකෙක් වගේ පෙනෙන්නේ
හොරකමකට ගොහින් වැඩේ ගැස්සිලා වගේ
- ගැහි ගැහි නොවැ සිටින්නේ
අනේ කොකෝ තෝ නම් මෙහි ඉන්ට එපා
- මෙහි කපුටෙක් ලගින්නේ
ඌ දැන් ආවොතින් තොපට තුඩින් කොටා
- මහත් විනාසයකි කරන්නේ

එතකොට කපුටා කෙඳිරි ගාමින් මේ ගාථාව කිව්වා.

(2)

අනේ පරෙවි සාමි මාව
- අඳුනගන්ට බැරි ද ඔබට
කොකෙක් නොවේ මං ඔළුවේ
- සිළුවක් දක්නට තිබුනට
ඔබේ වචන ඇසුවේ නෑ
- වැරදුනි බඩජාරි කමට
කැත්තෙන් මයෙ තටුත් කපා
- මිරිසුත් තවරා විපත් වුනානෙ මට

බෝසත් පරෙවියා එතකොට මේ ගාථාවෙන් පිළිතුරු දුන්නා.

(3)

හපොයි මිතුර කෑදර වී
- සොරකමට ගොහින් නොවෙද
- මේ විපත් වුනේ
ආයෙත් නම් මෙවැනි දෙයක්
- කරන්නෙපා ඒක නිසයි
- දුකට පත් වුනේ
මිනිසුන්නේ කෑම බීම
- අපට කන්ට නොමැත වරම්
- හොඳින් දත මැනේ
පක්ෂීන් වන අපට එවැනි
- පිනක් නැතේ අපි ඉන්නේ
- තිරිසන්ගත ලොවකනේ

ඊට පස්සේ පරෙවියා මෙහෙම කිව්වා. "ඔබ නිසා දැන් මටත් මෙතන ඉන්න එක අනතුරුදායකයි" කියා වෙනත් පළාතකට ඉගිල ගියා. කපුටා ඒ කූඩුවේ ම මරණයට පත්වුනා."

මෙය වදාළ භාග්‍යවතුන් වහන්සේ චතුරාර්ය සත්‍ය ධර්මය වදාළා. ඒ දේශනාවේ කෙළවර අර ලෝලී භික්ෂුව අනාගාමී ඵලයට පත් වුනා. "මහණෙනි, එදා කෑමට ගිජු කපුටා වෙලා සිටියේ ආහාරයට ලොල්ව සිටි මේ භික්ෂුවයි. පරෙවියාව සිටියේ මම" යි කියා මේ ජාතකය නිමවා වදාළා.

05. රුචිර ජාතකය

කෑදර කපුටාගේ කතාව

පින්වතුනේ, පින්වත් දරුවනේ,

මෙයත් කලින් වගේ ම අධික ලෙස ආහාරයට ගිජු වී සිටි භික්ෂුවක් ගැන කතාවක්. ඒ භික්ෂුවත් භාග්‍යවතුන් වහන්සේ ළඟට කැඳවා ගෙන ගියා. භාග්‍යවතුන් වහන්සේ වදාළේ කලින් ආත්මෙත් අධික කෑදරකම නිසා ඒ භික්ෂුවට මරණයට පත් වෙන්ට සිදු වූ බවයි. ඊට පස්සේ භාග්‍යවතුන් වහන්සේ ඒ භික්ෂුවගේ පෙර ආත්මයේ කතාව වදාළා. ඒ ආත්මයේදීත් මහා බෝධිසත්වයෝ පරෙවියෙක් වෙලා සිටියා. ඒ භික්ෂුව කපුටෙක් වෙලා සිටියා.

කලින් කතාවේ වගේ ම මේ පරෙවියාත් බරණැස් සිටුතුමාගේ කුස්සියේ කූඩුවක හිටියේ. කුස්සියේ උයන මස් මාළු දැකපු කපුටෙක් මිතුරෙකුගේ වේශයෙන් පරෙවියත් එක්ක ඇතුලට ආවා. කපුටාටත් ඉන්ට තැනක් ලැබුනා. දවසක් කපුටා හොරෙන් මස් කන්ට හිතාගෙන භාජනයක වැහැව්වා. අරක්කැමියා කපුටාව අල්ලාගෙන තටු කපලා ලුණු ගම්මිරිස් කුඩු තවරලා උගේ කූඩුවට වීසි කළා. පරෙවියා ඇවිත් බලද්දී කපුටා සිටි විලාසය දැක මේ ගාථාව පැවසුවා.

(1)

කවුරුද මේ කපුටු කූඩුවේ ඉන්නේ
- කොකෙක් වගේ පෙනෙන්නේ
හොරකමකට ගොහින් වැඩේ ගැස්සිලා වගේ
- ගැහි ගැහි නොවැ සිටින්නේ
අනේ කොකෝ තෝ නම් මෙහි
- ඉන්ට එපා කපුටෙකි මෙහි ලගින්නේ
ඒ මගේ යාළුවා ආවොත් තොප හට නම්
- අනතුරක් ය තියෙන්නේ

එතකොට කපුටා පරෙවියා අමතා මෙහෙම කිව්වා.

(2)

පරෙවි යාළුවේ මාව හඳුනගන්ට බැරිද ඔබට
කොකෙක් නොවේ යාළු කපුට ම යි හැබෑට
ඔබේ වචන ඇසුවේ නෑ වැරදුනි බඩජාරි කමට
කැත්තෙන් තටු කපා මගේ
- ලුණු ගම්මිරිස් තැවරුවානෙ කයට

එතකොට පරෙවියා කපුටාට මෙහෙම කිව්වා.

(3)

අනේ මිතුර කෑදර වී
- සොරකමට ගොහින් නොවෙද
- මේ විපත් වුනේ
ආයෙත් නම් මෙවැනි දෙයක්
- කරන්නෙපා ඒ හින්දයි
- දුකට පත් වුනේ
මිනිසුන්නේ කෑම බීම
- අපට කන්ට නොමැත වරම්
- හොඳින් දත මැනේ

පක්ෂීන් වන අපට එවැනි
- පිනක් නැතේ අපි ඉන්නේ
- තිරිසන්ගත ලොවක නේ

ඊටපස්සේ බෝසත් පරෙවියා දැන් ඉතින් මෙහි ඉන්න එක අනතුරුදායකයි කියා එදා ම වෙන තැනකට පිටත්ව ගියා. කපුටා ඒ කූඩුවේ ම මරණයට පත් වුනා." මෙය වදාළ භාග්‍යවතුන් වහන්සේ චතුරාර්ය සත්‍ය ධර්මය දේශනා කොට වදාළා. ඒ දේශනාව අවසානයේ ආහාරයට ලොල්ව සිටි භික්ෂුව අනාගාමී ඵලයට පත් වුනා. "මහණෙනි, එදා කපුටා වෙලා සිටියේ මේ ලොල් භික්ෂුවයි. පරෙවියා වෙලා සිටියේ මම" යි කියා භාග්‍යවතුන් වහන්සේ මේ ජාතකය නිමවා වදාළා.

06. කුරුධම්ම ජාතකය

කුරු ධර්මය රක්ෂා කළ මිනිසුන්ගේ කතාව

පින්වතුනේ, පින්වත් දරුවනේ,

ගුණ ධර්ම දියුණු කරගැනීමට විශේෂ කාලයක්, විශේෂ අවස්ථාවක්, විශේෂ පුද්ගලයන් මුණගැසෙනකල් සිටිය යුතු නෑ. ගුණධර්ම පටන් ගන්නේ හදවතට එකඟව, අවංකව හා සාධාරණ ලෙස කල්පනා කරන්ට පුරුදු වීම තුලිනුයි. එහෙම ජීවිතය දියුණු කරගන්ට වෙහෙසුන සත්පුරුෂයින් ගැනයි මේ කතාව. මේ කතාවට පසුබිම් වුනේ ඊට හාත්පසින් ම වෙනස් දෙයක්.

ඒ දිනවල අපගේ භාග්‍යවතුන් වහන්සේ වැඩ වාසයකොට වදාළේ සැවැත්නුවර ජේතවනයේ. ඔය කාලේ එක්තරා තරුණ යහළුවන් දෙන්නෙක් භික්ෂූන් වෙත පැවිදි වෙලා, උපසම්පදාවත් ලබාගත්තා. මේ දෙන්නා බොහෝවිට එකටයි හිටියේ. දවසක් මේ දෙනම අචිරවතී නදියට නාන්ට ගියා. නදියෙන් නාලා වැලිතලාවේ ඇඟපත වියලවමින් වාඩිවී සිටියා. ඔය වේලාවේ හංසයෝ දෙදෙනෙක් ඈත අහසේ පියඹා එනවා දැක්කා. එක් නමක් ගල් කැටක් අතට අරගෙන මෙහෙම කිව්වා. "ආන්න... අර පියාඹා එන හංසයාගේ ඇහැට මේ ගලෙන් මට ගහන්ට පුළුවනි"

"අනේ... මේ... විහිළු නොකර ඉන්න. ඔය පියඹා එන හංසයෙකුගේ ඇහැට ගහන්නේ කොහොම ද! නිකං බැරි දේවල් කියන්ට එපා."

"බැරි දේවල්...! බැරි දේවල් නොවෙයි... ඕං එහෙනම් බලාගන්ට. මං ගහන්නේ ඔය හංසයාගේ මේ පැත්තේ ඇහැට නොවෙයි. අනෙක් පැත්තේ ඇහැට..!"

"හෝ... හැබෑට... අනේ බොරු නොකියා ඉන්න."

"ඔන්න... එහෙනම් බලාගන්ට" කියලා තුන්මුලස් ගලක් අරගෙන රූං යන ශබ්දය එන්ට හංසයාගේ පිටිපස්සට ගැසුවා. එතකොට හංසයා පියාඹා යෑමේ වේගය බාල කරලා හිස කරකවා ඒ පැත්ත හැරී බැලුවා. එතකොට තව රවුම් ගලක් හරියට ම හංසයාගේ ඇසට විද්දා. එතකොට ඒ ගල ඇහේ වැදී අනිත් ඇසත් පසාරු කරගෙන ගියා. හංසයා මහා හඬින් කෑගසාගෙන ඒ භික්ෂූන්ගේ පාමුලට වැටුනා. ඒ අසල නාන්ට වැඩිය මහතෙරුන්නාන්සේලා මෙය දැකලා හනිකට එතැනට ආවා. සිදු වී ඇති විපත දැක හිසේ අත් ගසා ගත්තා.

"අපෙ අප්පෝ... මොකක්දෑ ඇවැත්නි ඔහේලා මේ කළ අපරාධය? උතුම් බුද්ධ ශාසනයක පැවිදි වූ ඔබට කිසිසේත් ම ගැලපෙන දෙයක් ද මේ කළේ? පාණාතිපාතය මොනතරම් බරපතල දෙයක් ද! හා... යමු යමු භාග්‍යවතුන් වහන්සේ ළඟට" කියලා ඒ භික්ෂූන් දෙනම භාග්‍යවතුන් වහන්සේ වෙත කැඳවාගෙන ගියා. භාග්‍යවතුන් වහන්සේ මෙසේ අසා වදාළා.

"හැබෑද මහණෙනි, තොප දෙදෙනා ප්‍රාණඝාතයේ යෙදී අහිංසක සතෙකුගේ ජීවිතය තොර කළාද?"

"එහෙමයි ස්වාමීනී"

"මෙවැනි සසර දුකින් මුදවන, අමා නිවනට පමුණුවන සසුනක පැවිදිව සිට තොප මේ කුමක්ද කරගත්තේ? බුදුවරයෙකු පහළ නොවී තිබුනු කාලයේ පවා ඉස්සර හිටිය නුවණැත්තෝ ගිහි ජීවිතය ගතකරමිනුත් අල්පමාත්‍ර වරදෙහිත් කුකුස් කරමින් සිල්වත්ව කල්ගෙවලා තියෙනවා. නමුත් තොප දැන් මේ බුදු සසුනකත් පැවිදි ව කිසි භයක් සැකක් නැති හැටි. භික්ෂූන් වුන විට කය වචනය දෙකේ හොඳින් සංවරව ඉන්ට ඕනෑ" කියා භාග්‍යවතුන් වහන්සේ මේ අතීත කතාව ගෙනහැර දක්වා වදාළා.

"මහණෙනි, ගොඩාක් ඉස්සර කාලෙක කුරු ජනපදවාසීන්ගේ කුරු රටේ ඉන්ද්‍රප්‍රස්ථ නගරේ ධනංජය කියන රජ්ජුරුවෝ රජකම් කළා. ඔය කාලේ මහා බෝධිසත්වයෝ ඒ රජුගේ අග මෙහෙසියගේ කුසෙහි උපන්නා. බෝසත් කුමාරයා නිසි කල වයසේදී තක්ෂිලාවට ගොහින් ශිල්ප හදාරා ඇවිත් පියාගේ ඇවෑමෙන් රජ බවට පත් වුනා. දසරාජ ධර්මයෙන් යුක්තව රාජ්‍ය කළා. කුරු ධර්මය සමාදන් ව ගත්තා. කුරු ධර්මය කියන්නේ පංච සීලයට යි. බෝධිසත්වයෝ මේ කුරු ධර්මය ආරක්ෂා කළා. ඒ වගේ ම රාජ මාතාව, රජ්ජුරුවන්ගේ අග්‍ර මහේෂිකාව, රජ්ජුරුවන්ගේ බාල සහෝදරයා වන යුව රජතුමා, පුරෝහිත බ්‍රාහ්මණයා, ඉඩම් මනින අමාත්‍යයා, රථාචාර්යයා, සිටුතුමා, ධාන්‍ය මනින මහා අමාත්‍යයා, දොරටුපාලයා, නගරශෝභිනී ගණිකාව යන මේ දහදෙනාත් කුරු ධර්මය හෙවත් පන්සිල් නොකඩ කොට ආරක්ෂා කළා. එතකොට බෝසත් රජුත් ඇතුළු ඔක්කෝම එකළොස් දෙනයි.

රජ්ජුරුවෝ නගරයේ ප්‍රධාන දොරටු හතරේ

දන්සැල් හතරක් කෙරෙව්වා. නගරයේ මැද දන්සැලක් කෙරෙව්වා. රාජමාළිගා මිදුලේ තව දන්සැලක් කෙරෙව්වා. දිනපතා කහවණු හය ලක්ෂයක් වියදම් කොට මහදන් දුන්නා. රජ්ජුරුවන් තුළ ඇති දන්දීමේ ආශාව මුළු දඹදිව පුරා පැතිර ගියා.

ඒ කාලේ දඹදිව නැගෙනහිර පහළට වෙන්න තිබුණු කළිංගු රටේ දන්තපුර නගරේ කාලිංග නමින් රජෙක් වාසය කළා. ඒ දවස්වල ඒ රටට වැස්ස නැතුව ගියා. මහ පොළොව වේලිලා ගියා. දුර්භික්ෂය හට ගත්තා. ආහාර නැතිකමින් මිනිසුන්ට රෝග පීඩා වැඩිවුනා. ඔය විදිහට නියං භය, දුර්භික්ෂ භය, රෝග භය කියන තුන් බියක් උපන්නා. දුකට පත් මිනිස්සු දරුවනුත් අතින් එල්ලාගෙන ඒ ඒ තැන ඇවිදින්ට පටන් ගත්තා. අන්තිමේ මුළු රටවාසීන් ම එකතුවෙලා දන්තපුර නගරයට ගිහින් රජවාසල ඉදිරියේ ඇනතියාගෙන හිඳගත්තා. බැගෑ හඬින් කෑ ගහන්ට පටන්ගත්තා.

කලිඟු රජ්ජුරුවෝ සී මැදුරු කවුළුව ළඟ සිටිද්දී මේ ශබ්දය ඇසුනා. ඒ ගැන ඇමතිවරුන්ගෙන් විමසුවා. එතකොට ඇමතිවරු මෙහෙම පිළිතුරු දුන්නා. "මහරජ්ජුරුවෙනි, මුළු රට ම තුන් බියකින් වෙලාගෙන තියෙන්නේ. දැන් වැස්ස නෑ. කුඹුරු මැරිලා නිසා කන්ට නෑ. කෑම නැතිව මිනිස්සු රෝගී වෙලා. ඒ මිනිස්සු තමයි දරුවනුත් එල්ලාගෙන ඇවිත් ඉන්නේ. මහරජ්ජුරුවනි, වැස්ස ලබා දෙනු මැනව."

"ඉස්සර රජවරු වැස්ස නොවසිද්දී මොකද කළේ?"

"මහරජ්ජුරුවෙනි, ඉස්සර රජවරු වැස්ස නැති වෙද්දී දන්දීලා උපෝසථ සිල් අධිෂ්ඨාන කොරලා සිරියහන් ගැබට ගොහින් හත් දොහක් තණ ඇතිරියේ

සැතපෙනවා. එතකොට වහිනවා."

"හොඳා මං එහෙනම්, ඒක කොරන්නම්" කියා රජ්ජුරුවෝ ඒ විදිහට ම කළා. හත් දවස ගෙවුනා වැසි වැස්සේ නෑ. රජ්ජුරුවෝ ඇමතිවරු රැස් කළා. "ඇමතිවරුනි, ඕං මං කළ යුතු දේ ඒ විදිහට ම කළා. ඒත් කෝ වැස්ස නෑ නොවැ. දැන් මොකදෑ කොරන්නේ?"

"මහරජ්ජුරුවෙනි, කුරු රට ඉන්ද්‍රප්‍රස්ථ නගරේ ධනංජය නමැති රජ්ජුරුවන්ට 'අඤ්ජනවෘෂභ' කියා මංගල හස්තිරාජයෙක් ඉන්නවා. අපි ඒ ඇතාව වඩම්මාගෙන එමු. එතකොට වහීවි."

"හප්පේ... අපි කොහොමෙයි ඒක කොරන්නේ. ඔය ධනංජය රජ්ජුරුවෝ මහා බල සම්පන්නයි නොවැ. අපිට ඒ රජ්ජුරුවන්ව යටත් කොරන්ට පුළුවන් කොමක් නෑ."

"නෑ මහරජ, ඒ රජ්ජුරුවන් එක්ක යුද්ධ කරන්ට දෙයක් නෑ. ඒ රජ්ජුරුවෝ ඉන්නේ නිතරම දන් දි දී. ඉල්ලුවොත් අලංකාරව සරසා ඇති හිසත් දන් දේවි. දුටුවන් වසී වෙන නේත්තරා දෙක ඉල්ලුවොත් එවෙලේම දේවි. මුළු රාජ්‍යයත් දේවි. ඒ වගේ කෙනෙක්ලු. ඒ නිසා ඇත්රජා ගැන කියන්ට දෙයක් නෑ. ඒකාන්තයෙන් ම ඉල්ලුවොත් දේවි."

"ඉතින් කව්ද ගිහිං ඉල්ලන්නේ?"

"ඇයි මහරජ්ජුරුවෙනි, බ්‍රාහ්මණවරු ඉන්නේ. බමුණන් අට දෙනෙක් කැඳවලා තෑගිබෝග දීලා ඇතා ඉල්ලාගෙන එන්ට කියා පිටත් කොරවන්ට."

බ්‍රාහ්මණවරු රජ්ජුරුවන්ගේ නියෝගය පරිදි මග

වියදම් ඇතිව දුගියන්ගේ වෙස් අරගෙන එක් තැනක එක් රැයක් විතරක් ඉඳලා ඉක්මන් ගමනින් පිටත් වුනා. කීප දිනකින් කුරු රටට සේන්දු වුනා. නගරෙට ගිහින් දන්සැලින් ආහාර අනුභව කරලා ගමන් වෙහෙස නිවාගෙන "රජ්ජුරුවෝ කවද්ද දන්පොල බලන්ට වඩින්නේ?" කියලා ඇහැව්වා. "සතර පෝයට ම රජ්ජුරුවෝ වඩිනවා" කියලා මිනිස්සු පිළිතුරු දුන්නා.

"හෝ... හෙට පෝය නොවැ. එහෙනම් දේවයන් වහන්සේ හෙට සැපත් වේවි" කියලා රජතුමාව බලාපොරොත්තුවෙන් බ්‍රාහ්මණවරු පසුවදා උදෑසන ම ගොහින් නැගෙනහිර දොරටුව ළඟ හිටගෙන හිටියා.

බෝධිසත්වයෝ උදෑසන ම සුවඳ පැන් නාලා රාජාභරණයෙන් සැරසිලා, අලංකාරව සැරසූ මංගල හස්ති රාජයාගේ පිටේ නැග මහත් ආනුභාවයෙන් දන්සැල වෙත ආවා. ඇතු පිටින් බැහැලා දන්සැලට ආ මිනිසුන් හත් අට දෙනෙකුට සිය අතින් දන් බෙදුවා. 'මේ විදිහට බෙදන්ට' කියා අනිත් අයට කියලා නැවත ඇතු පිට නැගී දකුණු දොරටුවට ගියා. නැගෙනහිර දොරටුව ළඟ ආරක්ෂාව බලවත්ව තිබුනු නිසා බ්‍රාහ්මණයන්ට අවස්ථාවක් ලැබුනේ නෑ. ඒ නිසා ඔවුනුත් දකුණු දොරටුව වෙත දුවගෙන ආවා. රජ්ජුරුවෝ වඩිනකල් බලාගෙන හිටියා. රජ්ජුරුවෝ නුදුරින් යද්දී තමන්ගේ දෑත් ඔසොවා "මහරජ්ජුරුවන්ට ජය වේවා!" කියලා හඬ නගා කිව්වා. එතකොට රජ්ජුරුවෝ වජ්‍ර අංකුසයෙන් ඇතා නවත්වා බ්‍රාහ්මණයන්ගේ ළඟට ආවා. "භවත් බ්‍රාහ්මණවරුනි, ඔබට මොනවාද ඕනෑ?" එතකොට බ්‍රාහ්මණවරු බෝධිසත්වයන්ගේ ගුණ වර්ණනා කරමින් මේ පළමු ගාථාව කියා හිටියා.

(1)

පින්වත් මහරජුනි ඔබේ සිල් ගුණදම්
- දුර ඇතට අසන්ට ලැබුනා
කරුණාබර දයාගුණැති ඔබගේ ළය
- උණුවන බව අපටත් දැනුනා
කළිඟු රටේ වැස්ස නැතිව මහජනයා
- දුකට පත්ව නියඟින් නැසුනා
ඔබේ මංගල අඳුන් ඇතා ලැබුනොත්
- අප හට එය ම ය දුක නිවනා

කියලා මෙහෙම කිව්වා "අනේ දේවයන් වහන්ස, අපට මේ ඇත්රජාව ලැබුනොත් අපි මේ ඇතාගේ බරට වස්තුව දෙන්නම්. අපට මේ ඇතා දෙවා වදාරණ සේක්වා!"

එතකොට බෝසත් ධනංජය රජු මෙහෙම කිව්වා. "බ්‍රාහ්මණවරුනි, මේ ඇතා වෙනුවට මට ධනය ඕනෑ නෑ. ඒ ගැන සිතන්ට එපා. මං මේ හස්තිඅලංකාරයන්ගෙන් යුක්තව ම ඇත්රජා ඔබට දෙන්නම්" කියා මේ ගාථාවන් පැවසුවා.

(2)

යමෙක් යමක් පතා මගේ ළඟට ඇවිත් සිටියෝතින්
කෑම බීම හෝ වෙන යම් දෙයක් වුවත් දෙමි සතුටින්
දෙන්නට බෑ කියමින් නැත මග හැරලා කිසි ලෙසකින්
ලැබුවේ මා දෙමාපියන්ගේ ඔවදන් ඒ විලසින්

(3)

බමුණානෙනි, මේ මංගල අඳුන් ඇතා
- මම දැන් ඔබ හට පුදදෙමි සිත සතුටින්
රජ කෙනෙකුට සුදුසු ය මොහු
- රජෙකු ය පරිභෝග කළේ
- මහ යස පිරිවර සමගින්

රන් දැල් මුතු මාලාවන්ගෙන්
- බබළන ඇත් රජු මම දෙමි
- මේ සැරසිලි සමගින්
ඇත්ගොව්වන් දෙමි පිරිවර සමගින්
- මොහු ගෙන යන්නට
- කළිඟු රටට සැප සදමින්

ඉතින් බෝසත් රජතුමා අර බමුණන්ට ඇතා පමණක් නොවේ, ඇත්ගොව්වන්, ඇත් වෙදුන්, ඇතාට උපස්ථාන කරන පවුල්වල අයත්, ඇතා සතු වස්තුවත් සමඟ ම දන් දුන්නා. ඇතාගේ සොඬ බමුණන් අතට දීලා රන් කෙණ්ඩියෙන් පැන් වඩලාම දුන්නා. බ්‍රාහ්මණවරු පිරිවර සහිතව හස්තිරාජයාව අරගෙන කළිඟු රටට ගියා. කළිඟු රජතුමා මහ පිරිවරින් ඇත්රජා පිළිගත්තා. නමුත් නියඟය දුරුවෙලා වැසි ඇද හැලුනේ නෑ. ඊට පස්සේ රජ්ජුරුවෝ වැසි වස්සවන්ට වෙනත් උපායක් නැද්ද කියා ඇමතිවරු සමඟ සාකච්ඡා කළා.

"දේවයන් වහන්ස, ඒ ධනංජය රජ්ජුරුවෝ කුරුධර්මය කියා මහා වටිනා දෙයක් රකිනවාලු. ඒ අනුහසින්ලු අඩමසක් පාසා ඒ කුරුජනපදේ හැම දිසාවකට ම වහින්නෙ. රජ්ජුරුවන්ගේ ගුණානුභාවයෙන්ලු හැම දියුණුවක් ම තියෙන්නේ. මේ තිරිසන්ගත සත්වයොත් ගුණවත්ව ඉන්නේ ඒ නිසාලු."

"එහෙනම් ඇමතිවරු, බ්‍රාහ්මණවරු, මේ ඇත් රජාව සැරසිලි, පිරිවර සහිතව ආපහු කුරු රටට ඇරලවන්ට. කුරු ධර්මය කියන ඒ උතුම් දේ රජ්ජුරුවන්ගෙන් අසා රන් පත්ඉරුවල ලියවාගෙන එන්ට" කියා පිටත් කෙරෙව්වා. එතකොට ඔවුන් ඇතාව ආපසු රජ්ජුරුවන්ට ගිහින් දුන්නා.

"අනේ දේවයන් වහන්ස, ඇත්රජා එක්කරගෙන ගියාට පලක් වුනේ නෑ. වැහි පොදයක්වත් ආවේ නෑ. ඔබවහන්සේ කුරු ධර්මය කියා මහා උතුම් දෙයක් රකිනවාලු. අපේ රජ්ජුරුවොත් ඒ කුරු ධර්මය රක්ෂා කොරන්ට ආසා වෙලා මේ රන්පත්ඉරුවල ලියාන එන්ට කීවා. අපට කුරු ධර්මය දෙනු මැනව."

එතකොට බෝසත් රජතුමා මෙහෙම කිව්වා. "ඇත්ත දරුවෙනි, මං කුරු ධර්මය රකින බව හැබෑව. ඒත් මට දැන් ඒ ගැන කුකුසක් ඇවිදින් තියෙනවා. ඉස්සර වගේ නෑ. දැන් කුරු ධර්මය ගැන සිතද්දී සිතේ සන්තෝෂේ මදි. ඒ නිසා තොපට ඒක දෙන්ට පුළුවන් කමෙක් නෑ."

"දේවයන් වහන්සේට කුරු ධර්මය ගැන සිහිකරද්දී සන්තෝසේ මදිවෙන්ට කාරණාව මොකක්ද?"

"දරුවෙනි, ඒක මෙහෙමයි උනේ. අවුරුදු තුනකට වතාවක් නොවැම්බ්‍ර මාසේ කාර්තික උත්සවේ තියෙනවා. එදාට දිව්‍ය රාජ වේශයෙන් මං ගොහින් චිත්‍රරාජ යක්ෂයා ළඟ හිටගත්තා. හිටගෙන නෙළුම් පිපී ගිය විලට සිව් දිසාවෙන් ඊතල විද්දා. ඒ විලට වැටුනු ඊතලවලින් තුනක් දැක්කා. අනික පේන්ට නෑ. මයෙ හිතේ ඒ ඊය මත්ස්‍යයෙකුගේ පිටේ ඇමිණී ගියාවත් ද කියලයි. මෙයින් ඒ සතාට හානිවෙලා මයෙ සිල් කිළිටි වුනා නෙවෙද කියා කුකුසක් හටගත්තා. ඒකයි සතුටක් නැත්තේ. එනිසා දරුවෙනි, අපේ මෑණියෝ රාජ මාතාව මට වඩා හොඳින් කුරු ධර්මය රකිනවා. ඇගෙන් ලියවාගෙන ගියොත් තමා හොඳ!"

"අනේ දේවයන් වහන්ස, මාළුවෙක් මරන්ට ඕනෑ කියා ඊතලේ විද්දේ නෑ නොවැ. අපට නම් ඔබවහන්සේගේ

සීලයේ කිසි කිලුටක් පේන්නේ නෑ."

"එහෙනම් දරුවෙනි, මං කියද්දි ලියා ගනින්, මේං මේකයි කුරු ධර්මේ. සතුන් නොමැරිය යුතුයි. සොරකම් නොකළ යුතුයි. කාමයෙහි වරදවා නොහැසිරිය යුතුයි. බොරු නොකිව යුතුයි. මත්පැන් පානය නොකළ යුතුයි."

"කොහොම වුනත් දරුවෙනි, මගේ සිතේ මං රකින සීලය ගැන සතුට නැති එකේ රාජ මාතාව බැහැ දැක ඇගෙනුත් ලියාගනින්."

එතකොට දූත පිරිස රජ්ජුරුවන්ට වන්දනා කොට රාජමාතාව ළඟට ගියා. "දේවී... ඔබතුමීත් කුරු ධර්මය රකිනවාලු. අනේ අපට ඒක ලියාගන්ට ඕනෑ."

"ඇත්ත දරුවෙනි, මාත් කුරු ධර්මය රකිනවා තමා. ඒත් මට ඒ ගැන කුකුසක් තියෙනවා. සීලය ගැන මතක් වෙද්දී සතුටක් නෑ. ඒ නිසා මට ඒක දෙන්ට විදිහක් නෑ."

"අනේ දේවී, තමුන්නේ සීලය ගැන අසතුටු වෙන්ට ඔබතුමී අතින් මොකක්ද වුනේ?"

"දරුවෙනි, මට පුත්‍රයෝ දෙන්නෙක් ඉන්නවානේ. අපේ රජතුමා මගේ ජ්‍යෙෂ්ඨ පුත්‍රයා. දෙවෙනියා තමයි යුවරජු. ඉතින් දවසක් අපේ රජ්ජුරුවන්ට කහවණු ලක්ෂයක් වටිනා සඳුන් හරයකුයි, කහවණු දහසක රන් මාලයකුයි තෑගි ලැබිලා මට එව්වා. ඉතින් මං කල්පනා කළේ මා දැන් සඳුන් ගාන්නෙත් නෑ. මාලා පළඳින්නෙත් නෑ. ඒ නිසා ඒවා ලේලිලා දෙන්නාට දෙනවා කියලා. මං හිතුවේ, මගේ ලොකු ලේලි අගමෙහෙසිය නොවැ. ඈට යස ඉසුරු තියෙන නිසා මේ රන් මාලේ දෙනවා. දෙවෙනි ලේලිට එතරම් නෑ නොවැ. ඈට මේ සඳුන් හරේ දෙනවා

කියලා. දුන්නාට පස්සෙ මට මතක් වුනේ. 'අනේ මං කුරු ධර්මය රකිනවා නොවැ. මට තිබ්බෙ ධනයේ ඇති අඩු බව නොසිතා වැඩිමහලු බව ගරු කරලා කටයුතු කරන්ට තිබ්බේ. මේ වැඩේ නිසා මයෙ සිල් කිලිටි වුනා වත් ද' කියල මට කුකුසක් ඇතිවුනා."

"අනේ දේවී, තමන් සන්තක දේ තමන් කැමති කෙනෙකුට දුන්නා කියා එපමණකින් කුකුස් කරනවා නම් වෙනත් පවක් කොහොම වෙන්ට ද. මෙයින් ඔබතුමීගේ සීලයට මොකවත් වෙලා නෑ කියලයි අපට සිතෙන්නේ. ඔබතුමී අතිනුත් අපට කුරු ධර්මය දුන මැනව" කියා ඈ ළඟිනුත් කුරු ධර්මය රන්පත් ඉරුවේ ලිව්වා.

"දරුවෙනි, මට සීලය ගැන සතුට මදි නිසා කෝකටත් අපේ ලොකු ලේලි අගමෙහෙසිව බැහැ දකින්ට යන්ට. ඈත් කුරු ධර්මය රකිනවා. ඇගෙනුත් ලියවා ගන්ට."

එතකොට දූතයෝ අගමෙහෙසිය බැහැදකින්ට ගොහින් කුරු ධර්මය රන්පත්ඉරුවල ලියවගන්ට ඕනෑ කියලා කිව්වා. එතකොට ඈත් රාජ මාතාව වගේ තමන්ට කුරු ධර්මය ගැන කුකුස් ඇත කියලා එය දෙන්ට බැරිය කීවා. එයට හේතුව වශයෙන් ඇය කීවේ මෙයයි.

"අනේ පින්වත, අපේ රජ්ජුරුවෝ නගරයේ වීදි සංචාරය කරන අයුරු මං සී මැදිරි කවුලෙන් බලාන උන්නා. එදා මංගල ඇත්රජාගේ පිටේ අපේ රජ්ජුරුවන්ට පිටුපසින් යුව රජතුමා වාඩිවෙලා උන්නා. එතකොට එතුමා කෙරෙහි ළාමක සිතිවිල්ලක් ඇති වුනා. මෙයත් එක්ක හිතවත්ව සිටියොත් රජ්ජුරුවන්ගේ ඇවෑමෙන් මෙයාට රජකම ලැබුනාම මාව මෙයත් අගමෙහෙසිය කරගනීවි කියලා එතකොට ම මට හිතුනා. 'අයියෝ... මං

කුරු ධර්මය රකින කෙනෙක් නේද! ඇයි මං තමන්ගේ ස්වාමියා ඉන්නැද්දී වෙනත් පුරුෂයෙකු දිහා කෙලෙස් සහිත කල්පනාවක් උපදවා බැලුවෙ' කියලා මට මගේ සීලය පලුදු වුනාය කියා මහා සංවේගයක් උපන්නා. ඒ නිසා මට කුරු ධර්මය දෙන්ට පුළුවන් කමෙක් නෑ."

"ආර්යාවෙනි, සිතක් උපන්න මාත්‍රයෙකින් ශීල භේදයක් වෙන්නේ නෑ. මෙවැනි හැඟීම් මාත්‍රයකටත් ඔබතුමී කුකුස් කරනවා නම් සිල් පදය ඉක්මවා යාම කොහොම නම් වෙන්ට ද? ඒ නිසා ඔබතුමීත් අපට කුරු ධර්මය දෙනු මැනව" කියලා රන්පත්වල කුරු ධර්මය ඇගෙනුත් ලියා ගත්තා.

"පින්වත්නි, ඒ උනාට මගේ සිතේ මේ ගැන අසතුට තියෙන නිසා යුවරජුවත් බැහැ දකින්ට. එතුමා ඉතා හොඳින් කුරු ධර්මය රකිනවා" කියලා අගමෙහෙසිය කියා සිටියා.

එතකොට දූතයෝ යුවරජු බැහැ දැක්කා. යුවරජුත් කියා සිටියේ තමන්ට සීලය ගැන කුකුස් ඇති බවයි.

"මිතුරනි, මගේ සීලය ගැන මට දැන් සතුටක් නෑ. සාමාන්‍යයෙන් හැන්දෑජාමේ රාජෝපස්ථානයට මං රථයෙන් ගිහින් රාත්‍රී රජුත් සමඟ ආහාර අනුභව කරලා රෑට මාළිගාවේ නවතිනවා නම් මං සම්පටියත්, කෙවිටත් ඇතුළු ගෙට දමනවා. ඒ දැනුම් දීමෙන් ජනයා පිටත් වෙලා පසුවදා පාන්දරින් ඇවිත් මා එළියට එන තුරු බලාපොරොත්තුවෙන් ඉන්නවා. ඉදින් මං ඇවිත් ඉක්මනින් ආපසු යනවා නම් සම්පටියත් කෙවිටත් රථයේ ම තියලයි මාළිගය ඇතුළට යන්නේ. එතකොට ජනයාත් මං එනතුරු රාජ ද්වාරය ළඟ බලාගෙන ඉන්නවා. ඉතින් දවසක් මං හනික ආපසු එන අදහසින් සම්පටියයි,

කෙව්වටයි රථය ඇතුලේ තියලා ගියා. ඇතුලට ගිය ගමන් වහින්ට පටන්ගත්තා. රජතුමා ඒ නිසා මට යන්ට දුන්නේ නෑ. මටත් සේවකයන් එළියේ නවතා ආ වග අමතක වුනා. රාත්‍රී අනුභව කරලා එහෙම ම නැවතුනා. සේවක ජනයා මං දැන් ඒවි කියන අදහසින් එළිවෙන තුරු වැස්සේ තෙමි තෙමී හිටගෙන ඉඳලා! උදේ මම එළියට ගිය විට සේවක ජනයා දැකලා මං ගැන මහා සංවේග යක් හටගත්තා. 'අයියෝ මං කුරු ධර්මය රකින කෙනෙක් නේද? ඇයි මෙවැනි දොසක් මා අතින් වුනේ. මෙයින් මගේ සීලයට හානි වුනා නේද' කියා. ඒකයි මට තියෙන කුකුස. ඒ නිසා කුරු ධර්මය දෙන්ට අමාරුයි."

"පින්වත් යුවරාජයෙනි, ඔබවහන්සේට සේවක ජනයා වෙහෙසවන්ට අදහසක් තිබී නෑ නොවැ. ඒ නිසා ඔපමණකින් සිල් පළුදු වෙන්නේ නෑ. අනේ අපට මේ රන්පත්ඉරුවල කුරු ධර්මය ලියාදෙනු මැනව."

එතකොට දූත පිරිසට යුවරජුගෙනුත් කුරු ධර්මය ලියවා ගන්නට ලැබුනා. ඊට පස්සේ යුවරජු කියා සිටියේ පුරෝහිත බ්‍රාහ්මණයා තමන්ට වඩා හොඳින් කුරු ධර්මය රකින නිසා ඔහුගෙන් ලියාගන්ට කියලයි.

දූත පිරිස පුරෝහිත බමුණා සොයා ගියා. ඔහුත් කලින් වගේම තමන් රකින කුරු ධර්මය ගැන කුකුස් ඇති බව කිව්වා.

"මිත්‍රවරුනි, මං දවසක් රාජෝපස්ථානයට යද්දී එක රජෙක් අපේ රජ්ජුරුවන්ට ළහිරු රැස් පැහැ ඇති රථයක් එවා තියෙනවා දැක්කා. "කාගෙ ද මේ රථේ?" "මේක අපේ රජතුමාට ගෙනා එකක්" කියලා ඔවුන් කිව්වා. එතකොට මට මෙහෙම හිතුනා. 'මං දැන් මහලුයි. ඇත්තෙන් ම රජ්ජුරුවෝ මේ රථය මට දෙනවා නම් මට

සුවසේ යන්ට පුළුවනි' කියලා. එදා මං රාජෝපස්ථානයට ගිහින් රජ්ජුරුවන්ට ජය පතා සිටි විට "මේන් හොඳ රථයක් ගෙනල්ලා. මේක අපගේ ආචාර්යයන්ට දෙන්ට" කීවා. එතකොට මං කැමති වුනේ නෑ. නැවත නැවත ඇවිටිලි කළත් මං ඒක ගත්තේ නෑ. මට මං ගැන සංවේගයක් හටගත්තා. 'අයියෝ කුරු ධර්මය රකින අයෙක් හැටියට මගෙන් වුනේ බලවත් වැරැද්දක්. අනුන් සන්තක දෙයකට නොවැ මේ ලෝභ සිත උපන්නේ. ඒ නිසා මේ ගැන මගේ සිතේ කුකුස් තියෙනවා. මට කුරුධර්මය දෙන්ට බෑ."

"ආර්යයෙනි, ලෝභ සිතක් උපන් පමණින් ඔබගේ සීලය බිඳුනේ නෑ. මෙවැනි දෙයකටත් කුකුස් කරනවා නම් ඔයිට බරපතල දෙයක් කොහොම වෙන්ට ද. ඒ නිසා ඔබතුමාගෙනුත් අපට කුරු ධර්මය ලියවා ගන්ට ඕනෑ" කියා පුරෝහිත බ්‍රාහ්මණයාගෙනුත් කුරු ධර්මය ලියවා ගත්තා. පුරෝහිත බමුණා ඉඩම් මනින අමාත්‍යයා කුරු ධර්මය වඩාත් හොඳින් රකිනවාය කියා දූත පිරිස ඔහු ළඟට පිටත් කළා.

ඔහුව මුණගැසුන විට ඔහුත් දූතයන්ට කියා සිටියේ තමාට තමන් රකින කුරු ධර්මය ගැන කුකුස් තියෙන නිසා සතුටක් නැති බවයි. ඔහු කියා සිටියේ මෙයයි.

"මිතුරනි, මං දවසක් කෙතක් මනිද්දී ලණුව දණ්ඩක ගැට ගසා එක් කෙළවරක් කෙතේ අයිතිකාරයාට අල්ලාගන්ට කිව්වා. අනික් කෙළවර මං අල්ලා ගත්තා. මගේ දණ්ඩ මං පොළවට අනිද්දී කක්කුටු සිදුරකට දණ්ඩ ගියා. එතකොට මං මෙහෙමයි හිතුවේ. 'මේ සිදුරෙන් දණ්ඩ මෑත් කළොත් රජ්ජුරුවෝ සන්තක කුඹුරේ සීමාව වෙනස් වෙනවා. මේ සිදුරට දණ්ඩ බැස්සුවොත් බාගෙ දා කක්කුටුවෙක් උන්නොත් ඌ මැරේවි. මං මොකද

කරන්නේ දැන්?' කියලා මේකේ කක්කුටුවෙක් ඉන්නවාද දන්නෙ නෑ. හිටියොත් නම් දණ්ඩ ඔබන්නේ නෑ. නිකම් දාලා බලන්ට ඕනෑ කියලා සිදුරට දැව්වා. එතකොට ම කක්කුටුවෙක් ක්‍රීං ගාලා ශබ්ද කළා. මං එවේලේම දණ්ඩ උඩට ගත්තා. එතකොට මට හිතුනේ දණ්ඩ කකුළුවෙකුගේ පිට මතට වැදෙන්ට ඇත කියලයි. මේ ගැනයි මගේ තියෙන කුකුස. ඇයි මං රක්සා කරන කුරු ධර්මයට නොවැ හානි වුනේ."

"අනේ ඇමතිතුමනි, ඔබතුමාට කක්කුට්ටා මරන්ට ඕනෑ කියා චේතනාවක් පහළ වුනේ නෑ නොවැ. ඔබතුමාගෙන් සත්ව ඝාතනයක් වෙලා නෑ. මෙවැනි දේකටත් කුකුස් කරනවා නම් සිල් බිඳෙන්ට විදිහක් නෑ නොවැ" කියලා ඒ ඉඩම් මනින ඇමතියා ළඟිනුත් පත්ඉරුවල සිල්පද ලියාගත්තා.

එතකොට ඇමතියා මෙහෙම කිව්වා. "මිතුරනි, කෝකටත් අපේ රථාචාර්යයන්වත් මුණගැසෙන්ට. උන්නැහේත් හොඳට සිල් රකින කෙනෙක්." දූත පිරිස ගිහින් රථාචාර්යයාත් මුණ ගැසුනා. ඔහුටත් තමන් රකින සීලය ගැන කුකුස් තිබුනා. ඔහු ඒ ගැන මෙහෙමයි කිව්වේ.

"දවසක් මං අපේ රජ්ජුරුවන්ව රථයෙන් උයනට එක්කරගෙන ගියා. එදා එතුමා දවස ම උයනේ විනෝද වුනා. සවස් වෙද්දී රථයට ගොඩවුනේ. හිරු බැස යමින් තිබුනා. නගරයට ඇවිදිනුත් නෑ. වැස්සකුත් ආවා. රජ්ජුරුවෝ වැස්සට තෙමේවි යන භයින් මං අශ්වයන්ට කෙවිටෙන් ඇන්නා. අශ්වයෝ වේගයෙන් ගියා. එදා පටන් අශ්වයන් උයනට යද්දිත්, එද්දිත් මං පහර දුන්න තැන පටන් වේගයෙන් යනවා. ඔවුන්ට හිතෙනවා ඇත්තේ එතැන මොකාක් නමුත් විපැත්තියක්

ඇති නිසා මං කෙවිටෙන් ඇන්නා කියලයි. මට දුක රජ්ජුරුවෝ තෙමුනත් නැතත් හොඳට හික්මී ඉන්න අශ්වයන්ට නිකරුනේ කෙවිටෙන් ඇනපු එකයි. ඒ නිසා එතැනින් යන එන විට ඔවුන් වෙහෙසට පත් වෙනවා. මේ හේතුවෙන් මං රකින සීලයට හානි වී තියෙනවා කියලයි මගේ හැඟීම. ඒ නිසා මං ඔහේලාට කුරු ධර්මය දෙන්නේ නෑ."

"රථාචාර්යතුමනි, ඔබතුමා එදා ඉක්මනින් යාගන්ට ඕනෑ නිසා කෙවිටෙන් සඤ්ඤා කළා මිස අශ්වයන්ව පෙළීමේ චේතනාවක් තිබිලා නෑ. ඔබතුමාගේ සීලය පිරිසිදුයි. එනිසා ඔබතුමාගෙනුත් කුරුධර්මය ලියා ගන්ට අපි කැමැතියි" කියා ලියා ගත්තා.

"කෝකටත් මිතුරනි, අපේ සිටුතුමාත් බැහැදකින්ට කෝ. එතුමා බොහෝම හොඳට සිල් රකින කෙනෙක්" කියා රථාචාර්යයා දූතයන් ව සිටුතුමා ළඟට පිටත් කළා. සිටුතුමාත් කියා සිටියේ තමන් රකින සීලය ගැන කුකුස් තියෙන නිසා සතුටක් නෑ කියලයි. ඒක වුනේ මෙහෙමයි කියල සිටුතුමා මේ කතාව කිව්වා.

"දවසක් මං හැල් කෙත බලන්ට ගියා. හරි අපූරුවට හැල් වී කිරිවැදීගෙන ඇවිත් තිබුනා. මං වී මාලයක් බඳින්ට ඕනෑ කියලා කෙත මුදුනින් වී මිටක් නෙලාගෙන කණුවක බැන්දා. එතකොට යි මට මතක් වුනේ, 'හප්පේ මේ කුඹුරෙන් මං රජ්ජුරුවන්ගේ කොටස දෙන්ට තියෙනවා නොවැ. කොටස් වෙන් කරන්ට කලින් මට නුදුන් කුඹුරින් නේද මං හැල් වී මිට ගත්තේ. මගේ සීලයට මේ වැඩෙන් කිලුටක් වුනා' කියලා මට කුකුසක් හටගත්තා. ඒ නිසා මට කුරු ධර්මය දෙන්ට අමාරුයි."

"අනේ සිටුතුමා, ඔබතුමා සොරකොමක් කොළේ

නෑ නොවැ. සොර සිතක් නැතිව නුදුන් දෙයක් ගත්තා කියා පනවන්ට බෑ. මෙපමණකිනුත් ඔබතුමා කුකුස් කරනවා නම් අනුන් සන්තක දෙයක් කොහොම ගන්ට ද! ඒ නිසා ඔබතුමාගෙනුත් අපට කුරු ධර්මය ලියාගන්ට ඕනෑ කියා ලියා ගත්තා. ඊට පස්සේ සිටුතුමා මෙහෙම කිව්වා. "අනේ මිතුරනි, අපේ ධාන්‍ය මනින ඇමතිතුමා ඉතා හොඳින් කුරු ධර්මය රකිනවා. උන්නැහේ මුණ ගැහී කුරු ධර්මය ලියාගත්තොත් හොඳා කියලයි මං කියන්නේ."

එතකොට දූත පිරිස ධාන්‍ය මනින අමාත්‍යයාව මුණගැසුනා. ඔහුත් තමන් රකිනා කුරු ධර්මය ගැන කුකුස් ඇති බව කිව්වා. ඔහුට සැක ඇති වූ හැටි මෙහෙමයි කිව්වා.

"මිතුරනි, දවසක් මං වී ගබඩාවේ දොරකඩ වාඩි වී රජ්ජුරුවන්ගේ වී කොටස් මනිද්දී මැනපු නැති වී ගොඩකට ලකුණක් දාලා තිබ්බා. එතකොට ම වැස්සක් ආවා. එතකොට මං ලකුණු දාලා ගණන් කළ වී මෙච්චර තියෙනවා කියලා ලකුණු දාපු වී ගොඩවල් ඔක්කොම එකතු කරලා ගබඩාව දොරකඩ සිටියා. එතකොටයි මට මතක් වුනේ ලකුණු දමාපු වී අතර මැනපු නැති වී ගොඩකුත් තිබුනාවත් ද කියලා. ඉදින් මං මැනපු වී ගොඩට නොමැනපු වීත් දැම්මා නම් කිසි කරුණක් නැතිව රජ්ජුරුවෝ සන්තක වී ගොඩ වැඩි කළේ. මේකෙන් මිනිස්සුන්ට ලැබෙන්ට ඕනෑ වීයි නැතිවුනේ. අයියෝ එහෙම වුනොත් මං ආදරයෙන් රකින කුරු ධර්මයට කැලලක් නොවේ ද. ඉතින් මිතුරනි, ඔය කාරණාව නිසා මට කුකුසක් තියෙනවා සීලය බිඳුනාවත් ද කියලා. ඒ නිසා මට කුරු ධර්මය ලියා දෙන්ට අමාරුයි."

"අනේ ඇමතිතුමනි, සොර සිතක් නැතිව

ඔබතුමාගේ අතින් අනුන් සතු දෙයක් පැහැර ගැනීම වුනේ නෑ. මෙවැනි දේකටත් කුකුස් කරනවා නම් කොහොමටවත් සොරකමක් වෙන්ට විදිහක් නෑ. ඒ නිසා ඔබතුමාත් අපට කුරු ධර්මය ලියාදෙන්ට කියා ධාන්‍ය මනින ඇමතියාගෙනුත් ලියවා ගත්තා. ඊට පස්සේ ඔහු මෙහෙම කිව්වා.

"මිතුරනි, අපේ දොරටුපාලයාත් ඉතා හොඳින් කුරු ධර්මය රකිනවා. උන්නැහේව මුණගැහී එයැයිගෙනුත් ලියවා ගන්න" කියලා. එතකොට දූත පිරිස ගිහින් දොරටුපාලයාව මුණ ගැසුනා. ඔහු මෙහෙම කිව්වා.

"මිතුරනි, ඔබ මා ළඟට ආ එක හොඳා. ඒත් මං රකින කුරු ධර්මය ගැන මට කුකුස් තියෙනවා නොවැ. වෙනදා වගේ ම ඇතුළු නුවර මහ දොරටුව වහන්ට කලින් තුන් වතාවක් දැනුම් දුන්නා. ඒ වෙලාවේදී එක් දිළිඳු මනුස්සයෙක් තමන්ගේ බාල සහෝදරී එක්ක දර කඩන්ට කැලේට ගොහින් එන ගමන් නැවතී ඉඳලා තියෙනවා. දොරටුව වහන බව දැනුම් දීපු ශබ්දයට සහෝදරී එක්ක වේගයෙන් ආවා. එතකොට මං ඔහුට ටිකක් සැරට කතා කළා. "ඈ මිනිහෝ... උඹ දන්නේ නැද්ද නගරයේ රජ්ජුරු කෙනෙක් ඉන්නා වග. නියමිත කාලයට මේ නගර ද්වාරය වහනවා නොවැ. තමුන්නේ මායියාත් එක්ක වනාන්තරේ නාඩගම් නටන්න ගොහින් එන හැටි නේද..." එතකොට ඔහු මෙහෙම කිව්වා.

"අනේ ස්වාමී, මේ මගේ මායියා නොවේ. මේකි මයෙ නඟා." කියලා. එතකොට මට මෙහෙම හිතුනා. 'අයියෝ, මං මොකද මේ නිකරුනේ තමුන්නේ නංගීට බිරිඳ කියලා ඇමතුවේ. මං කුරු ධර්මය රකින කෙනෙක් නේද. මට මේ වැඩෙන් සිල් කිලිටි වුනාවත් ද' කියා

කුකුස් හටගත්තා. ඒ නිසා මට දෙන්ට අමාරුයි.

එතකොට දූතයෝ මෙහෙම කිව්වා. "අනේ ඒකෙන් තමුන්නාන්සේට වැරැද්දක් වෙන්ට විදිහක් නෑ. බාහිරින් පෙනිච්චි හැටි බලලා නොවැ කීවෙ. මෙවැනි සුළු දේකටත් කුකුස් කරනවා නම් දැන දැන බොරුවක් කීම කොහෙත්ම වෙන්නේ නැ. අනේ ඒ නිසා ඔබතුමාත් ලියා දෙන්ට" කියා ඔහුගෙනුත් කුරු ධර්මය රන්පත්ඉරුවල ලියා ගත්තා.

දොරටුපාලයා දූතයන්ට මෙහෙමත් කිව්වා. "මිත්‍රවරුනි, මේ නගරයේ ඉතාම හොඳින් කුරු ධර්මය රකින ගණිකාවක් ඉන්නවා. ඈ මුණ ගැසී ඇගෙනුත් ලියවා ගන්න" කියලා.

එතකොට දූතයෝ ගණිකාව මුණ ගැසී කාරණාව කියා හිටියා. ඈටත් අනිත් අයට වගේම කුකුස් තිබුනා. ඈ කීවේ මෙහෙමයි. "අනේ මිතුරනේ, දවසක් මහා පින්වත් තරුණයෙක් ඇවිත් අද රෑ මයෙ ළඟට එනවාය කියා කහවණු දහසක් දීලා ගියා. අනේ ඒ ඇත්තා ගියා ගියා ම යි. හැබැයි මං සිල් බිඳේවි යන භයින් ඒ ඇත්තා නැතිව වෙන කා එක්කවත් එකතු වෙන්ට ගියේ නෑ. අඩු ගණනේ බුලත් කොළයක් වත් ගත්තේ නෑ. හප්පේ දවසක් දෙකක් නං කමක් නෑ. අද ඒවි හෙට ඒවි කියලා තුන් අවුරුද්දක් බලාන හිටියා. මට එදා වේල කන්ට නැතිව ගියා. අන්තිමේදී මං විනිශ්චය මහ ඇමතිට මේ ගැන කියා හිටියා. "මට සල්ලි දීලා ගිය ඇත්තා තුන් අවුරුද්දක් ම වෙච්චි දෙයක් නෑ. වෙන කෙනෙකුගෙන් මුදලක් ගත්තෙත් නෑ. දැන් මට කන්ට බොන්ටත් නෑ" කියලා. එතකොට උන්නාන්සේ කීවා තුන් අවුරුද්දක් ම උඹ ළඟට නාව නිසා එන එකක් නෑ. මොනා කොරන්ට ද.

දැන් ආයෙමත් අනිත් උදවියගෙන් මුදල් ගත්තාට වරදක් නෑ" කියලා. එදා තව පුරුෂයෙක් ඇවිත් මට කහවණු දහසක පොදියක් දික්කළා. මාත් ඒක ගන්ට අත දික්කළා විතරයි තුන් අවුරුද්දකට කලින් සල්ලි දීලා ගිය ඇත්තා ආවා නොවැ. එතකොට ම "අනේ පින්වත, මට කලින් මුදල් දීලා ගිය එක්කෙනා ආවා. ඒ නිසා දැන් ඔය මුදල එපා" කියා මං අත හකුලාගත්තා.

අනේ මිතුරනේ, ඒ ඇවිත් තියෙන්නේ මනුස්සයෙක් නොවේ. සක් දෙවිඳු! උන්නාන්සේ දිව්‍ය රූප සෝභාවෙන් ළහිරු රැසින් දිලිහී ආකහේ වැඩ හිටියා. එතකොට මේ ආශ්චර්ය බලන්ට ජනයාත් රැස් වුනා. උන්නාන්සේ ජනයාට මෙහෙම කිව්වා. "මං මේ ඇත්තීගේ ගතිගුණ විමසන්ට තුන් හවුරුද්දකට කලියෙං කහවණු දහසක් දුන්නා. මෑ තුන් අවුරුද්දක් ම වෙනත් කෙනෙකු වෙත නොගිහින් මුදල් දුන් කෙනා එනතුරා මග බලා සිටියා. ප්‍රතිපත්තිය කැඩුවේ නෑ. ඔන්න ඔය විදිහටයි සිල් රකින්ට ඕනැ" කියා මයෙ නිවස සත්රුවනින් පිරෙව්වා. නොපෙනී ගියා.

ඉතින් මිතුරනේ, මං කලින් මුදල් ගත්තු කෙනාට යුතුකම ඉටුනොකොට වෙන එක්කෙනෙක් සල්ලි දුන් විට අත දික්කොළා නොවැ. මට හිතුනේ මෙයින් මගේ සිල් කිළුටු වුනා ය කියලා. ඒ ගැනයි මට කුකුස් තියෙන්නේ. මට මං රකින කුරු ධර්මය ගැන සතුටු වෙන්ට බැරි ඒ නිසා. ඔබට කුරු ධර්මය මං දෙන්නෙ කොහොමෙයි?

"අනේ පින්වතී, සල්ලි ගන්ට අත දිගු කළ පමණින් සිල් බිඳෙන්නේ නෑ. අනික සල්ලි අතින් ස්පර්ශ කළේ නෑ නොවැ. ඔබේ ප්‍රතිපත්තියට හානි වුනේ නෑ. ඒ නිසා අපට ඔබෙනුත් කුරු ධර්මය ඕනෑ ම යි" කියා දූතයෝ

ඇගෙනුත් කුරු ධර්මය ලියා ගෙන ගියා.

මේ විදිහට එකොළොස් දෙනෙකු විසින් රකින සීලය රන්පත්ඉරුවල ලියාගෙන දන්තපුරයට ගිහින් කළිඟු රජ්ජුරුවන්ට දුන්නා. රජ්ජුරුවෝත් කුරු ධර්මය වන පන්සිල් සමාදන් වුනා. එතකොට ම නියඟය අවසන් වී මහා වැසි වැස්සා. තුන් බිය සංසිඳී ගියා. රට සරුසාර වී ගියා. බෝධිසත්වයෝ දානාදී පින් කොට පිරිවර සමග ම මරණින් මතු දෙව්ලොව උපන්නා.

භාග්‍යවතුන් වහන්සේ කුරු ධර්මය ගැන කතාව වදාරා චතුරාර්ය සත්‍ය දේශනාව වදාළා. ඒ දේශනාව අවසානයේ එය අසා සිටි භික්ෂූන් වහන්සේලාගෙන් කෙනෙක් සෝවාන් ඵලයට පත් වුනා. සමහරු සකදාග ාමී වුනා. සමහරු අනාගාමී වුනා. ඇතැම් භික්ෂූන් වහන්සේලා අරහත්වයට පත් වුනා. මේ ජාතක කතාවට අදාළ පූර්ව චරිතයන් විස්තර වෙන්නේ මෙහෙමයි.

එදා ගණිකාව වෙලා සිටියේ උපුල්වන් තෙරණියෝ. දොරටුපාලයාව සිටියේ පුණ්ණ තෙරණුවෝ. ඉඩම් මනින අමාත්‍යයාව සිටියේ කච්චාන තෙරණුවෝ. ධාන්‍ය මනින අමාත්‍යයාව සිටියේ මහා මොග්ගල්ලාන තෙරණුවෝ. මහසිටුතුමාව සිටියේ සාරිපුත්ත තෙරණුවෝ. රථාචාර්යයාව සිටියේ අනුරුද්ධ තෙරණුවෝ. පුරෝහිත බ්‍රාහ්මණයාව සිටියේ මහාකස්සප තෙරණුවෝ. යුවරාජයාව සිටියේ නන්ද තෙරණුවෝ. අගමෙහෙසිය වෙලා සිටියේ රාහුල මාතාවෝ. රාජ මාතාව වෙලා සිටියේ මහාමායා දේවී. කුරුමහරජු වෙලා සිටියේ අපේ මහා බෝධිසත්වයෝ කියලා ඔය විදිහට මේ ජාතකය මතක තියාගන්ට ඕනෑ.

07. රෝමක ජාතකය
බෝසත් පරෙවියා ගැන කතාව

පින්වතුනේ, පින්වත් දරුවනේ,

මේ කතාවෙන් කියවෙන්නෙත් භාග්‍යවතුන් වහන්සේව විනාශ කරන්ට මහන්සි ගත් දේවදත්ත ගැනයි.

ඒ දිනවල අපගේ භාග්‍යවතුන් වහන්සේ වැඩ වාසය කළේ රජගහනුවර වේළුවනාරාමයේ. එදා දම්සභා මණ්ඩපයේ රැස්වූ භික්ෂූන් වහන්සේලා දේවදත්තගේ මේ අසාමාන්‍ය පළිගැනීම ගැන කතා කරමින් සිටියා. ඒ අවස්ථාවේ භාග්‍යවතුන් වහන්සේ එතැනට වැඩමකොට වදාළා. භික්ෂූන් වහන්සේලා තමන් කතා කරමින් සිටි කරුණ භාග්‍යවතුන් වහන්සේට සැළ කළා. භාග්‍යවතුන් වහන්සේ මෙසේ වදාළා.

"මහණෙනි, දේවදත්ත තථාගතයන්ව වනසන්ට වෙහෙස මහන්සි ගත්තේ මේ ආත්මේ විතරක් නොවේ. මීට කලින් ආත්මෙකත් උත්සාහ කරලා බැරිව ගියා" කියා මේ අතීත කතාව ගෙනහැර දක්වා වදාළා.

"මහණෙනි, ගොඩාක් ඉස්සර කාලෙක බරණැස්පුරේ බ්‍රහ්මදත්ත නමින් රජ්ජුරු කෙනෙක් රාජ්‍ය කරමින් සිටියා. ඔය කාලේ මහා බෝධිසත්වයෝ පරෙවියෙක් වෙලා උපන්නා. තවත් බොහෝ පරෙවියන්

එක්ක වනාන්තරේ පර්වත ගුහාවක වාසය කළා. ඔය දවස්වල ම එක්තරා සිල්වත් තාපසයෙක් ඒ පරෙවියන් වාසය කරන තැනට නුදුරින්, ඒ පර්වත ගුහාවේ ම කුටියක් කරවාගෙන ඒ ගම ඇසුරු කරගෙන වාසය කළා.

බෝසත් පරෙවියා වරින් වර ඇවිත් ඒ තාපසයා ළඟ වසනවා. තාපසයාත් ඒ පරෙවියාත් එක්ක මිහිරි කතාබහේ යෙදෙනවා. ඉතින් ඒ තාපසයා සෑහෙන කාලයක් ඒ ගුහාවේ වාසය කරලා පිටත්ව ගියා.

ඊටපස්සේ ඒ ගුහාවේ වාසය කරන්ට වෙනත් තාපසයෙක් ආවා. හැබැයි ඔහු මහා කපටියෙක්. බෝධිසත්වයෝත් කලින් වගේ පරෙවි රැනක් එක්ක ඇවිත් තාපසයාට වඳිනවා. පිළිසඳර දොඩනවා. කුටිය වටේ කැරකි කැරකී ඉඳලා ඒ කන්දෙන් ම ගොදුරු සොයාගෙන සවස් වෙද්දී තමන්ගේ වාසස්ථානයට යනවා. ඒ කපටි තාපසයාත් එතැන පනස් අවුරුද්දකට වැඩි කලක් හිටියා.

දවසක් මොහු ගමේ ගෙදරක දානෙකට ගියා. ගමේ මිනිස්සු පරෙවි මස් උයලා මොහුට දුන්නා. මෙය අනුභව කිරීමෙන් මොහුගේ රස නහර පිනා ගියා. "ෂාහ්... පින්වත්නි, හරි අගේ ඇති මසක් නොවැ. හැබෑටම මේ මොන මස්ද?"

"තාපසින්නාන්ස, අපිට පරෙවි මස් වගයක් හම්බවුනා. ඔය ඒ මස් තමා."

එතකොට කූට තාපසයා මෙහෙම කල්පනා කරන්ට පටන් ගත්තා. "ෂකේ... මෙච්චර රස මසක් මං කෑ වගක් මතක නෑ. හරි... මං ඉන්න ගල්ලෙන ළඟත් ඕනෑතරම් පරෙවියෝ ඉන්නවා නොවැ. මරා ගත්තොත් යසට කටට

රහට කන්ට ඇහැකි" කියලා හාල්, දුරු මිරිස්, ගිතෙල්, ලුණු, ගොරකා ආදිය ගෙන්නා ගත්තා. ඒවා ඔක්කොම පැත්තකින් සූදානම් කරගත්තා.

එදා තාපසයා තමන්ගේ තපස් චීවරේ අස්සේ මුගුරක් හංගා ගත්තා. පරෙවියන් තමන්ට වන්දනා කරන්ට එනතුරු කුටිය දොරකඩ වාඩිවෙලා උන්නා.

බෝධිසත්වයෝ පරෙවි පිරිසත් සමඟ ඇවිත් හිටියේ. එතකොට තාපසයා මුගුර හංගාගෙන ඉන්නවා දැක්කා. දැකලා මෙහෙම හිතුවා. 'මේ දුෂ්ට තාපසයා අද ඉන්න හැටි නං වෙනස්. මොකෝ අද මෙයාට පරෙවි මස් කන්ට ආසා හිතිලා වත් ද. මෙයාට පරෙවි මසක් කන්ට ලැබෙන්ට ඇති. කෝකටත් බලන්ට ඕනෑ' කියලා තාපසයාගේ සිරුර පිස හමාගෙන එන සුළඟ පැත්තට ගියා.

'ඕ... මුන්දැට පරෙවි මස් කන්ට ලැබිලා නොවැ. ඒකයි මේ දැන් අපිව මරාගෙන කන්ට කුරුමානම් අල්ලන්නේ. දැන් මුන්දෑ ළඟට යාම බොහොම භයානකයි' කියලා පරෙවි පිරිසත් එක්ක ආපසු හැරිලා ඈතින් හැසිරුනා. එතකොට තාපසයා මෙහෙම සිතුවා.

'අද මේකුන්ට මාගේ අදහස දැනිලාවත් ද. මං හෙමිහිට මේකුන්ට මිහිරි බස් කියලා විශ්වාසය ඇති කරගන්ට ඕනෑ. ළඟට ආවාට පස්සේ මරා ගන්ට බැරියැ' කියා මේ ගාථාවන් කිව්වා.

(1)

මයෙ ලස්සන පරෙවියෝ,
- පනස් වසට වැඩිය කලක්
- මං මෙහි ඉන්නේ

ඔයාල සමගින් සතුටින්
- මේ පර්වත ගල්ලෙනේ
- නොවෙද වසන්නේ
කිසිදු බියක් සැකක් නැතිව
- කලින් වගේ ළඟට වරෙන්නේ
මගේ අතින් අල්ලගන්ට
- ඇහැකි දුරට පරෙවියනේ
- අදත් වරෙන්නේ

(2)

මොකද මගේ පරෙවියෝ,
- වෙනද වගේ නොවේ නෙ
- කලකිරී ද ඉන්නේ
ගොදුරු සොයන්නට ඔයාලා
- කඳු පෙළකට වෙනත් ගොහින්
- ඇවිත් ද ඉන්නේ
මාව අඳුන ගන්ට බැරිද
- මොකදෑ මේ ළඟට එන්නෙ
- නැතිව සිටින්නේ
එහෙමත් නැත්නම් ඔයාලා
- වෙන පරෙවියො රැනක් දැයි
- මටත් සිතෙන්නේ

තාපසයාගේ මේ ගාථා දෙකට සවන් දුන් බෝධිසත්වයෝ මේ තුන්වෙනි ගාථාවෙන් පිළිතුරු දුන්නා.

(3)

අපොයි දන්නවා අපි දැන්
- කිසිම මුළාවක් නැතිවයි
- අපිත් සිටින්නේ

උඹත් හිටිය කෙනාම ම යි
- අපිත් කලින් උන් අය ම යි
- වෙනස් නොවන්නේ
උඹෙ සිත නම් වෙනස් වෙලා
- පරෙවි පිරිස මරන්නට යි
- සිතා සිටින්නේ
එනිසා තවුසෝ අපි දැන්
- උඹ ගැන හොඳටම
- භයවෙලා ය ඉන්නේ

එතකොට 'මං ගැන මුන් දැනගත්තා නොවැ' කියා සිතුනා. හංගාගෙන හිටිය මුගුරෙන් බෝධිසත්වයන්ට වේගයෙන් දමලා ගැහුවා. එතකොට ම බෝධිසත්වයෝ ඉගිලුනා. පාර වැදුනේ නෑ. "පලයව් තොපි, මං තොට විරුද්ධයි තමා" කියලා තාපසයා කෑ ගසා කිව්වා.

"හරි තාපසය, තොප මට විරුද්ධ වුනා වගේම තොපටත් සතර අපාය විරුද්ධ නෑ. හැබැයි තෝ මෙහේ හිටියොත් ගම්මුන්ට අපි කියනවා තෝ හොරෙක් ය කියා. අල්ලා දෙනවා තෝව. ඒ නිසා හැකිතාක් ඉක්මනට මේ පළාත දාලා පලයං" කියලා පරෙවියා තාපසයාට තර්ජනය කළා. තාපසයා ඒ පළාත දාලා ගියා.

මහණෙනි, එදා කූට තාපසයාව සිටියේ දේවදත්ත. කලින් හිටිය සිල්වත් තාපසයාව සිටියේ අපේ සාරිපුත්තයෝ. ප්‍රධාන පරෙවියාව සිටියේ මම" යි කියා භාග්‍යවතුන් වහන්සේ මේ ජාතකය නිමවා වදාළා.

08. මහිස ජාතකය

ඉවසීමෙන් සිටි බෝසත් මී ගවයාගේ කතාව

පින්වතුනේ, පින්වත් දරුවනේ,

ඇතැම් සතුන්ට මහා ලාමක ගතිගුණ තියෙනවා. ඒවාත් ඔවුන් තුළ තියෙන්නේ සසර පුරුදු හැටියට කියලයි මේ කතාවලින් අපට තේරුම් ගන්ට තියෙන්නේ.

ඒ දිනවල අපගේ භාග්‍යවතුන් වහන්සේ වැඩ වාසය කළේ සැවැත්නුවර ජේතවනයේ.

ඔය කාලේ සැවැත්නුවර එක්තරා නිවසක රිළවෙක් ඇති කළා. මේ රිළවා ලාමක ගතිගුණවලින් යුක්තයි. මේකා රජ්ජුරුවන්ගේ ඇත් හලට යනවා. ගිහින් ඇතෙකුගේ පිටේ නගිනවා. ඒ ඇතා බොහෝම තැන්පත්. කලබල නෑ. කාටවත් හිංසා කරන්නෙත් නෑ. ඒ නිසා මේකා ගිහින් ඒ ඇතාගේ පිටේ මූත්‍රා කරනවා. මලපහ කරනවා. ඇතාත් ඉවසාගෙන ඉන්නවා.

දවසක් ඒ ඇතා බඳින තැන වෙන දරුණු ඇතෙක් බැඳලා හිටියා. රිළවාත් දුවගෙන ආවා. ඌ හිතුවේ පරණ ඇතා කියලයි. ගිහින් ඇතාගේ පිටේ නැග්ගා. ඒ ඇතා කලබල වුනා. හොඬෙන් ඇදලා අරගෙන බිම දාලා පයින් පාගා කුඩුපට්ටම් කළා. මේ කතාව හැම තැන ම

පැතිරුනා. භික්ෂූන්ටත් අසන්ට ලැබුනා.

එදා දම්සභා මණ්ඩපයේ රැස්වූ භික්ෂූන් වහන්සේලා මේ ගැන කතා කරමින් සිටියා. "බලන්ට ඇවැත්නි, අර රිළවෙක් තමුන්නේ ලාමක ගති නිසා වැනසී ගිය හැටි. සිල්වත් ඇතා ඉන්නකල් ඌට කරදරයක් වුනේ නෑ. දරුණු ඇතාගේ පිටේ නැග්ගා විතරයි එතැනින් ජීවිතේ කෙළවර වුනා" කියලා. ඒ අවස්ථාවේ භාග්‍යවතුන් වහන්සේ එතැනට වැඩම කොට වදාළා. භික්ෂූන් වහන්සේලා තමන් කතා කරමින් සිටි කරුණ භාග්‍යවතුන් වහන්සේට සැලකළා.

භාග්‍යවතුන් වහන්සේ මෙය වදාළා. "මහණෙනි, ඔය රිළවාගේ ලාමක ගතිගුණ තිබුනේ මේ ආත්මේ විතරක් නොවේ. කලින් ආත්මයකත් ඔය විදිහට ම ලාමක ගතිගුණ වලින් සිටිය නිසා අමාරුවේ වැටුනා" කියා මේ අතීත කතාව ගෙනහැර දක්වා වදාළා.

"මහණෙනි, ගොඩාක් ඉස්සර කාලේ බරණැස්පුරේ බ්‍රහ්මදත්ත නමින් රජ්ජුරු කෙනෙක් රාජ්‍ය කරමින් සිටියා. ඔය කාලේ මහා බෝධිසත්වයෝ හිමාල වන පෙදෙසේ මී ගව යෝනියේ උපන්නා. කලක් යද්දී ඒ මී ගවයා මහා ජවසම්පන්න සිරුරක් ඇතිව කඳු හෙල්, ගිරි දුර්ග, වන පෙත් හරහා ඇවිද ඇවිද යද්දී එක්තරා රුක්සෙවනක ලගින්ට පුරුදුව සිටියා. ඉතින් මේ මී ගවයා ගොදුරු කාලා ඇවිත් ඔය රුක් සෙවනේ ඉන්න කොට ලාමක ගති ඇති රිළවෙක් එතැනට එනවා. ඇවිත් මී ගවයාගේ පිටට නගිනවා. පිටේ ම මල මූත්‍රා පහකරනවා. උගේ අං දෙකින් එල්ලී පැද්දි පැද්දී සෙල්ලම් කරනවා. බෝසත් මී ගවයා රිළවා ගැන ඉවසීමෙන්, දයානුකම්පාවෙන් යුක්තව හිටියා. රිළවාට නපුරක් කරන්ට සිතිවිල්ලක් ඉපැද්දුවේ නෑ. රිළවාගෙනුත් බේරිල්ලක් නෑ. ආයෙ ආයෙම ඇවිත්

ඒ විදිහට හැසිරෙනවා.

මී ගවයා ළඟ ඉන්නා ඒ වෘක්ෂයට අධිගෘහිත දේවතාවෙක් හිටියා. දවසක් ඒ දේවතාවා ඒ රුකෙන් මතුවෙලා පෙනී සිටිමින් මී ගවයාට මෙහෙම කිව්වා. "මහිසරාජයෙනි, මොකදෑ අර දුෂ්ට රිළවාගෙන් ලැබෙන අවමන් ඉවසාගෙන ඉන්නේ? ඒකාගේ ඔය ලාමක වැඩේ නැවැත්තුවොත් නරක ද?" කියා මේ ගාථාවන් පැවසුවා.

(1)

මහිසරාජයෝ ඔබ ඔය
- ලාමක සිතකින් පසුවන
- මිත්‍රද්‍රෝහියා හට
ඇයි මේ ඉවසා ඉන්නේ
- මේ තරම් ම දුක් කරදර දෙන විට
කැමති සියලු දේ ලැබදෙන
- කෙනෙක් වගේ නොවැ ඉන්නේ
- ඔබ මොහු හට
මේ හැටි ඉවසා සිටින්ට
- කවර දෙයක් දෝ පෙනුනේ
- ඔබෙ වැටහීමට

(2)

ඔය සුවිසල් අඟින් අනිනු
- නැතිනම් පාදයෙන් මඩිනු
බාලයාව වළකන්නට
- කෙනෙක් නොසිටියොත් ලොවේ
තව තව ඔහු දරුණු වෙතේ
- නැවතීමක් ඇති නොවේ

මේ විදිහට ගාථා කී දෙවියට බෝධිසත්ව මහිසරාජයා මෙහෙම පිළිතුරු දුන්නා.

"ප්‍රිය වෘක්ෂ දේවතාවෙනි, මං මොහුට වඩා ඉතා බලසම්පන්නව ඉපදිලා ඉඳගෙනත්, මහා ශක්තිසම්පන්නව ඉඳගෙනත් ඒ හේතුවෙන් මොහුගේ වැඩ ඉවසනවා නොවේ. මගේ ඉවසීම ගැන අදහස මේකයි. මේ රිළවා මට කරදර කරනවා වගේ වෙනත් දරුණු මී ගවයෙකුට කරන්ට ගියොත් මේකාව මරලා දානවා. වෙනත් සතෙකුගෙන් හෝ මේකා මැරුම් කෑවොත් පව් නොවැ. ඒ ගැනයි මට දුක. මං ඉවසා සිටියොත් ප්‍රාණඝාතයෙන් මේකාව නිදහස් කළාත් වෙනවා. ඒකයි මං ඉවසා සිටින්නේ" කියලා මේ ගාථාව පැවසුවා.

(3)

අනිත් අයත් මං වගේ ම ඇති කියලා
වෙනත් සතෙකුටත් මේකා මෙයයි කරන්නේ
එදාට ඔහු අතින් ය මොහු නැති වී යන්නේ
එතකොට නම් මට ත් නිදහසක් ය ලැබෙන්නේ

ටික දවසකින් බෝධිසත්වයෝ වෙන පළාතකට ගියා. එතැන දරුණු මී ගවයෙක් ඇවිත් ලැග්ගා. දුෂ්ට රිළවා ඇවිත් පරණ සතාය යන හැඟීමෙන් පිටට නැගලා තමන්ගේ අනාචාර කටයුතු කරන්ට ගත්තා විතරයි, මී ගවයා කලබල වෙලා රිළවා බිම දාලා අඟින් ඇනලා මැරුවා. පාදයෙන් පොඩි කර දැම්මා.

මහණෙනි, එදා දුෂ්ට මී ගවයාව සිටියේ අද රිළවා මරා දැමූ ඇතා ම යි. දුෂ්ට රිළවාව සිටියේ ඔය රිළවා ම යි. සිල්වත් මී ගවයාව සිටියේ මම" යි කියා භාග්‍යවතුන් වහන්සේ මේ ජාතකය නිමවා වදාළා.

09. සතපත්ත ජාතකය

කෑරලා නිසා වැනසෙන්ට ගිය තරුණයාගේ කතාව

පින්වතුනේ, පින්වත් දරුවනේ,

අද කාලේ වුනත් ඇතැම් අය ඉන්නවා ප්‍රශ්න විසඳෙනවාට අකැමැති. කිසියම් ආරවුලක් විසඳුනත් ඔවුන් කැමති ආයෙමත් ආයෙමත් අවුස්ස අවුස්සා අමුතුවෙන් අවුල් හදන්ටයි. එවැනි ලාමක පුද්ගලයන් බුද්ධ කාලයෙත් පැවිදිව සිටියා. මෙය එබඳු කතාවක්.

ඒ දිනවල අපගේ භාග්‍යවතුන් වහන්සේ වැඩ වාසය කළේ සැවැත්නුවර ජේතවනයේ. අපගේ භාග්‍යවතුන් වහන්සේ වැඩ සිටි කාලේ එකම ආකාරයේ ලාමක ගති ගුණ ඇති භික්ෂූන් සය නමක් සිටියා. ඔවුන්ට කියන්නේ ඡබ්බග්ගිය භික්ෂූන් කියලයි. ඔවුන්ගෙන් මෙත්තිය - භුම්මජක යන දෙනම රජගහ නුවර වාසය කළා. අස්සජී - පුනබ්බසුක යන දෙනම කීටාගිරියේ වාසය කළා. පණ්ඩුක - ලෝහිතක දෙනම සැවැත්නුවර ජේතවනයේ වාසය කළා.

ඒ දෙනම ධාර්මිකව විසඳන ලද ආරවුල් ආයෙමත් අවුස්සනවා. තමන් දන්නා හඳුනන භික්ෂූන් වෙත ගිහින් මෙහෙම කියනවා. "හනේ ඇවැත්නි, ඇයි තමුන්නාන්සේලා අසවල් භික්ෂූන්ට වඩා කුලයෙන් පහත්

ද? ගෝත්‍රයෙන් පහත් ද? සීලාදී ගුණ ධර්මයන්ගෙන් පහත් ද? මේ ප්‍රශ්නයේදී තමුන්නාන්සේලාට සාධාරණ විදිහට විසඳුමක් ලැබුනා නම් කොයිතරම් අගේ ද? ඒ නිසා ඕක අතාරින්ට එපා. ආයෙත් ඕක ඇදලා ගන්ට" කියමින් ආයෙමත් අවුල් හදනවා. එතකොට ආයෙමත් අර්බුද හටගන්නවා. මේ නිසා භික්ෂූන්ට මහා පීඩා ඇති වුනා. එතකොට භික්ෂූන් ගිහින් භාග්‍යවතුන් වහන්සේට සැළකළා. භාග්‍යවතුන් වහන්සේ පණ්ඩුක - ලෝහිතක දෙදෙනා කැඳවා මෙකරුණ අසා වදාළා. "හැබෑද මහණෙනි, තොප විසඳා තිබෙන ආරවුලක් නැවතත් අවුස්සා ගන්නවාය කියන්නේ. අනිත් අයට මේක විසඳන්න දෙන්නේ නෑ කියන්නේ?"

"එහෙමයි ස්වාමීනී, අපෙන් ඒ වැරැද්ද වුනා."

"මහණෙනි, එහෙම වුනොත් තොපගේ වැඩේ කෑරලාට මුළා වූ තරුණයාගේ වැඩේ වගේ තොප දෙන්නාගේ බහට මුළා වෙලා හැමෝම කරදරේ වැටෙනවා" කියා මේ අතීත කතාව ගෙනහැර දක්වා වදාළා.

"මහණෙනි, ගොඩාක් ඉස්සර කාලෙක බරණැස්පුරේ බ්‍රහ්මදත්ත නම් රජ්ජුරු කෙනෙක් රාජ්‍ය කරමින් සිටියා. ඔය කාලේ බෝධිසත්වයෝ කාසි ගමේ එක්තරා පවුලක උපන්නා. වෙළහෙළදාම් ආදියකින් ජීවිකාව නොකොට සොරකමට පෙළඹුනා. පන්සියයක පිරිවර ඇති මහා හොරදෙටුවෙක් බවට පත්වුනා.

ඔය කාලේ බරණැස එක පවුල්කාරයෙක් ජනපද වැසියෙකුට කහවණු දාහක් ණයට දී තිබුනා. ඒවා නැවත නොගෙන ම ඔහු මිය ගියා. ඔහුගේ බිරිඳත් පස්සේ කාලේ හොඳටම අසනීප වුනා. තමන්ගේ පුත්‍රයාට කතාකොට

මෙහෙම කීවා. "පුතේ, උඹේ පියා අසවල් අයට කහවණු දාහක් ණයට දීලා තියෙනවා. ඒක ගන්ට තියෙද්දී මැරුණා. මං මළොත් ඒ මිනිහා උඹට ඒක දෙන එකක් නෑ. ඒ නිසා උඹ දැන් මං ජීවත්ව ඉන්නැද්දී ගොහින් ඒ මිනිහාගෙන් තාත්තා දුන්නු ණය ඇන්න වරෙං" කියා පුතාව පිටත් කළා. එතකොට පුත්‍රයාත් පිටත් වෙලා ගිහින් ඒ ණයකාරයා මුණ ගැසී කහවණු දහස ලබා ගත්තා. ඔය අතරේ ඒ දරුවාගේ මව් මැරුණා. තම පුත්‍රයා කෙරෙහි අධික ස්නේහයෙන්, පුත්‍රයා එන තුරු මග බලා සිටි නිසා ඇය මරණින් මතු ඕපපාතිකව සිවල් දෙනක් වෙලා උපන්නා. එදා අර හොර නායකයා පාරේ යන අයගෙන් මංකොල්ලයක් කරමින් මාර්ගයේ සිටියා. ඒ මාර්ගයෙන් ම අර පුතාත් එන්ට පිටත් වුනා.

එතකොට පුත්‍රයා වනගත පාරට ඇතුළු වෙද්දී සිවල් දෙන පාර හරහට ඇවිත් 'පුත්‍රය, මේ පාරෙන් වනයට යන්ට එපා. පාරේ හොරු ඉන්නවා. උඹව මරලා කහවණු ටික පැහැර ගනීවි' කියන අදහසින් ඈ ඔහුගේ ගමනට බාධා කරන්ට උනා. කොලුවාට මෙය තේරුනේ නෑ. 'ඕං... මේ මොකද කාලකණ්ණි හිවලියක් මගේ පාර හරස් කරන්නේ?' කියලා ගල්වලින් ගසමින් සිවල්දෙන එලවා දැම්මා. වනයට ඇතුළු වුනා.

එතකොට වනේ හිටිය කැරලයෙක් "මේ මිනිහෙක් එනවෝ. මේකා ළඟ කහවණු දාහක් තියෙනවෝ. මේකා මරලා සල්ලි ගනිව්" කියමින් හොරදෙටුවා දෙසට හඬ දීගෙන ගියා. කොලුවාට කොට්ටෝරුවාගේ කෑ ගැසීම තේරුනේ නෑ. කොලුවා හිතුවේ සුභ ලකුණක් කියලයි. කොට්ටෝරුවා දෙසට වැඳගෙන "අනේ ස්වාමී, ආයෙමත් හඬතල දී කෑ ගසාපං" කියලා කිව්වා.

බෝධිසත්වයෝ මේ දෙක ම බලාගෙන සිටියේ.

"සිවල් දෙනට මේ කොලුවා ගල් ගසා එළවා ගත්තා. කැරලාට වැඳගෙන තවත් කැගසන්ට කියනවා. මේ සිවල් දෙන මේ කොලුවාගේ මව් වෙන්ට ඕනෑ. ඈ මිය ගිහින් කහවණු හොරා ගනීවි යන භයින් තම පුත්‍රයාගේ ආරක්ෂාවට ඇවිත් හැඩයි. කැරලා මේ කොලුවාගේ සතුරෙක් වෙන්ට ඕනෑ. ඒ නිසායි මේකා මරා සල්ලි පැහැර ගනිං කියා කියන්නේ.

මේ කොලුවා මහා මෝඩයෙක්. තමාගේ යහපත සලසන මෑණියන්ට තර්ජනය කොට එළවා ගත්තා. තමන්ට විපත් සලසන කැරලාට වැඳගෙන තව නාද කරපන් කියනවා."

කොලුවා ඇවිත් සොරුන් අතරට පත්වුනා. බෝධිසත්වයෝ කොලුවාගෙන් ප්‍රශ්න කළා. "ඇත්ත කියාපිය, තෝ කොහේද ඉන්නේ?" "අනේ මං බරණැස ඉන්නේ." "දැන් මේ තෝ කොහේ ගිහිං එන ගමන් ද?" "මගේ පියා ගමේ කෙනෙකුට කහවණු දාහක ණයක් දීලා තිබ්බා. මං ඒක අරගෙන එන්ට ගියා" "එතකොට තොට ඒ ණය ලැබුනා ද?" "එහෙමයි... ලැබුනා" "කවුද තෝව ණය ගෙනෙන්ට පිටත් කළේ?" "අනේ ස්වාමී, මයෙ තාත්තා නෑ. මැරිලා. අම්මාත් අසනීපෙන් ඉන්නේ. ඉතින් අම්මා කිව්වා මං මළොත් උඹට සල්ලි ලැබෙන්නේ නැත. මං ඉන්න වෙලාවේ සල්ලි ඉල්ලං වර" කියලා. "එතකොට දැන් තෝ දන්නවාද අම්මාට මොකද වුනේ කියලා?" "අනේ නෑ ස්වාමී."

"තෝ ගෙදරින් පිටත්ව ගියාට පස්සේ ඈ මළා. තොට ඇති ආදරය නිසා ඈ සිවල් දෙනක් ව උපන්නා. තෝ හොරුන්ගේ අතින් මැරුම් කාවිය කියන භයට තොපේ ගමන වළක්වන්ටයි ඈ පාර හරස් කරගෙන

තොට බාධා කළේ. තෝ ඇට ගල්ගසා එළවා ගත්තා. ඔය කෑගැසූ කෑරලා තොගේ සංසාරගත සතුරෙක්. උෟ කෑගසා මටයි කතා කළේ. උෟ කිව්වේ තෝව මරලා කහවණු දාහ ගන්ට කියලයි. තෝ ළඟ කෙළෙහි ගුණ නෑ. නමුත් බලාපිය, තොගේ මව් මොනතරම් ගුණවන්ත ද?" කියා සොර දෙටුවා කොලුවාට අවවාද කළා. "කහවණු අරගෙන පරෙස්සමින් පල" කියා පිටත් කෙරෙව්වා. මේ කතාව වදාළ භාග්‍යවතුන් වහන්සේ මේ ගාථාත් වදාළා.

(1)

වනයට යන පාරේ තරුණයා පැමිණි විට
- සිවලිය පැන්නා ඔහුගේ රැකවලයට
යහපත පවසන සිවලිය - ඔහු හට පෙනුනේ නරකට
විපත සදන කෑරලාව - පෙනුනේ සැප සදන ලෙසට

(2)

මේ අයුරින් ලොවේ සිටින
- ඇතැමෙක් ගන්නේ නුහුරට
යහපත් ඔවදන් දුන් විට
- ගන්නේ එය බැන්න ලෙසට

(3)

තමාට භය ඇති කරගෙන අර්බුදයන් මතු කරදෙන
උදවියට යි පසසන්නේ වැරදියකට තේරුම් ගෙන
මුලා වුනේ තරුණයා ද කෑරලාගෙ හඬ අසමින
තමාට සැප සලසාලන මිතුරෙකු ලෙස උෟ ගනිමින

මහණෙනි, එදා සොරදෙටුවාව සිටියේ මම" යි කියා භාග්‍යවතුන් වහන්සේ මේ ජාතකය නිමවා වදාළා.

10. පුටදූසක ජාතකය

පත්‍රගොටු ඉරා දැමූ වඳුරාගේ කතාව

පින්වතුනේ, පින්වත් දරුවනේ,

මේ සංසාරේ සැරිසරා යන සත්වයන් තුළ ඇති වී තිබෙන ඉතාම සුළු පුරුදු පවා සංසාරික සම්බන්ධයක් ඇති දෙයක් වෙන්ට පුළුවනි. මෙය එබඳු කතාවක්.

ඒ දිනවල අපගේ භාග්‍යවතුන් වහන්සේ වැඩ වාසයකොට වදාළේ සැවැත්නුවර ජේතවනයේ.

ඔය කාලේ සැවැත්නුවර සිටි එක්තරා ඇමතියෙක් භාග්‍යවතුන් වහන්සේ ප්‍රමුඛ භික්ෂු සංඝයාට දානයකට ආරාධනා කළා. තමන්ගේ උයනේ වඩා හිඳුවා දන් පිළියෙල කරන අතරේ "ස්වාමීනී, ඔබවහන්සේලා උයනේ ඇවිද බලන්ට සතුටු නම් වඩින්ට" කියා පැවසුවා. එතකොට භික්ෂූන් වහන්සේලා උයනේ ඇවිද බලමින් ගියා. ඒ අවස්ථාවේ උයන්පල්ලා ලොකු පත්‍ර ඇති ගසකට නැගලා මේක මල් දාන්ට හොඳා, මේක ගෙඩි දාන්ට හොඳා කියා පත්‍රවලින් ගොටු සද සදා බිමට දැම්මා. ඔහුගේ පොඩි පුත්‍රයා බිමට වැටෙන වැටෙන ගොටු කඩා බිඳ දමනවා. මෙය දුටු භික්ෂූන් වහන්සේලාට ඒ දරුවාගේ මෝඩ ක්‍රියාව ගැන අනුකම්පා ඇති වුනා. ඒ කරුණ භාග්‍යවතුන් වහන්සේට සැලකළා. භාග්‍යවතුන් වහන්සේ මෙසේ වදාළා.

"මහණෙනි, ඔය දරුවා පත්‍ර ගොටු කඩා බිඳ දමන්නේ දැන් පමණක් නොවේ. කලින් ආත්මෙත් ඕක ම යි කළේ" කියා අතීත කතාව ගෙනහැර දක්වා වදාළා.

"මහණෙනි, ගොඩාක් ඉස්සර කාලෙක බරණැස්පුරේ බ්‍රහ්මදත්ත නම් රජ්ජුරු කෙනෙක් රාජ්‍ය කරමින් සිටියා. ඔය කාලේ බෝධිසත්වයෝ එක්තරා පවුලක උපන්නා. ඔහු වයස මුහුකුරා යාමෙන් පස්සේ ගිහි ජීවිතයක් ගත කළා. දවසක් මොහු කිසියම් කරුණකට උයනකට ගියා. ඒ උයනේ ගොඩාක් වඳුරෝ හිටියා. එදාත් අද මේ උයන්පල්ලා කළා වගේ ඒ උයන්පල්ලාත් ගසට නැග පත්‍ර කඩ කඩා ගොටු සදා බිමට දැම්මා. එතකොට එතන සිටිය ජ්‍යෙෂ්ඨ වඳුරා ඔහු දාන දාන ගොටු ඉරා දමනවා. එතකොට බෝධිසත්වයෝ උයන්පල්ලාට මෙහෙම කිව්වා" "මේ... මිත්‍රයා... මේන්න ඔබ බිමට දාන දාන ගොටු ඉරා දමනවා. මෙයාගේ අදහස ඊට වැඩිය ලස්සනට ගොටු හදන්ට වත් ද!" කියා මේ ගාථාව පැවසුවා.

(1)

සැබැවින් මේ වඳුරුරජා
- ගොටු හදන්ට ඉතා දක්ෂයෙක් වාගෙයි
ඔබ හදනා ගොටු කඩනා
- මේ වඳුරා අනිකක් හදනවා වගෙයි

එතකොට වඳුරා බෝධිසත්වයන්ට මෙහෙම ගාථාවකින් කිව්වා.

(2)

මගේ අප්පා හෝ අම්මා හෝ
- ගොටු හදන්ට දක්ෂ නැතේ
හදන හදන ගොටු කැඩීම
- වඳුරු කුලේ දහම වෙතේ

එතකොට බෝධිසත්වයෝ වඳුරාට මෙහෙම කිව්වා.

(3)

අනේ තොපේ වඳුරු කුලේ දහම මෙසේ නම්
අදහම කෙබඳු දැයි කියා සිතා ගත හැකියි
තොප තුළ නම් දහමක් හෝ අදහමකුත් තියෙනා බව
කිසිම දාක අප හට නම් දැක ගන්නට නොලැබුනේය

මෙය පවසා බෝධිසත්වයෝ එතැනින් පිටත්ව ගියා.

මහණෙනි, එදා වඳුරා වෙලා ගොටු කඩා දැමුවේ මෙදා ගොටු කඩා දැමූ දරුවා යි. නුවණැති පුරුෂයාව සිටියේ මම" යි කියා භාග්‍යවතුන් වහන්සේ මේ ජාතකය නිමවා වදාළා.

තුන්වැනි අරඤ්ඤ වර්ගය යි.

මහාමේඝ ප්‍රකාශන

- **ඉංග්‍රීසි භාෂාවට පරිවර්තනය වී ඇති ධර්ම දේශනා ග්‍රන්ථ :**

- **ඉංග්‍රීසි භාෂාවට පරිවර්තනය වී ඇති සූත්‍ර දේශනා ග්‍රන්ථ :**

- **ඉංග්‍රීසි භාෂාවට පරිවර්තනය වී ඇති සදහම් සිතුවම් පොත් :**

01. Chaththa Manawaka
02. The Great Arhant Bahiya Darucheeriya
03. The Great Arhant Pindola Bharadvaja
04. Sumana the Novice monk
05. The Great Arahath Bikkhuni Ambapali
06. The Great Arahant RattApala
07. Stingy Kosiya of Town Sakkara
08. Kisagothami
09. Sumana The Florist
10. Kali She-devil
11. Ayuwaddana Kumaraya
12. The Banker Anathapindika
13. The Great Disciple Visākhā
14. Siriguththa and Garahadinna

www.ingramcontent.com/pod-product-compliance
Lightning Source LLC
Chambersburg PA
CBHW060705030426
42337CB00017B/2769
* 9 7 8 9 5 5 6 8 7 1 4 7 0 *